Maria Montessori Speaks to Parents

パパ、ママ、あのね・・

子育てのヒントは子どもが教えてくれる

マリア・モンテッソーリ 著

AMI友の会NIPPON 訳・監修

JN210029

風鳴舎

Montessori-Pierson Publishing Company
Koninginneweg161,1075 CN Amsterdam,the Netherlands

photography
All colour photographs courtesy of Forest Bluff School,Lake Bluff,Illinois,USA
All ohter photographs courtesy of the heirs of Maria Montessori

もくじ

モンテッソーリ－ピアソン出版社より

マリア・モンテッソーリは親の役割を過小評価したことは決してありません。ですから彼女は養成コース開催中であれ、大会の合間であれ、親向けに特別講演をすることをいとわず、前向きに受け入れていました。ただ残念だったことは、彼女には親向けに子どもの発達の本を書く時間がなかったということです。

そして今日、これまで以上に重要になってきたのは、子どもの発達とモンテッソーリ教育のエッセンスを親が可能な限り知っておくということです。

そんな中、運よく予期せぬことが起こりました。

それは、マリア（＊1）・モンテッソーリ・アーカイブが、親向けに書かれた一連のモンテッソーリの文章を見つけ、編集したのです。

これらの文書については未だわからないことが多いのですが、少なくとも文のスタイル、内容、長さ、論調などすべて一貫した共通のものがあり、モンテッソーリが親向けに話していることは明らかです。また、通常モンテッソーリの講義にはない、表現の軽やかさもこれらの文章の特徴だといえます。

残念ながらオリジナルのイタリア語版は残っていませんが、それはあまり問題ではないかもしれません。なぜなら英語圏の方にはお分かりかと思いますが—誰がイタリア語から英語に訳したか分かりませんが—彼または彼女が非常に質の高い仕事をしたことは確かで、この場所をかりて感謝の意を表したいと思います。

これらの文章のうち、第1章は1931年12月にSaturday Review(＊2)に掲載され、他の文章は同じ年の秋に開催された第17回ロンドン国際モンテッソーリ教師トレーニングコース中に書かれたものだと思われます。これらの文章はまるで食前のアペタイザー（前菜）のような役割があり、新しい親たちが子どもにどんな学校教育を受けさせようかと考えあぐねている間に、じっくり興味が深まる効果があると思います。

今回、弊社のモンテッソーリシリーズの中に、親向けのモンテッソーリ教育のビジョンが紹介されたこの小さな入門書を含めることができ、出版社としてとても嬉しく光栄に思います。

また、世界的に尊敬されているモンテッソーリ教育書の著者であり、米国イリノイ州のForest Bluff Schoolの共同設立者、ポーラ・ポルク・リラード(＊3)さんが、この本のために快く巻頭言を書いて下さったことを心から感謝いたします。リラードさんはモンテッソーリ教育の基本的な原理だけでなく、彼女自身の変革：従来の公立学校の教師からモンテッソーリマザー、モンテッソーリ教師、そしてモンテッソーリトレーナーとご自身のことも合わせて述べてくださいました。リラードさんの娘、リン・ジェッセンさんにはForest Bluff Schoolの子どもたちのカラー写真を惜しみなく使わせて下さったことに心から感謝いたします。

最後に、（＊4）カロリーナ・モンテッソーリさんに、この作業、このプロジェクトへの感謝をお伝えしておきます。

アレキサンダー・マリオ・ヘニー
Montessori-Pierson Publishing Company

＊1　マリア・モンテッソーリアーカイブ：国際モンテッソーリ協会（AMI）の本部（オランダ、アムステルダム）にあるマリア・モンテッソーリ博士の学術的また、歴史的資料が保管されている。

＊2　Saturday Review：1924年に設立され1986年まで続いたアメリカの評論誌。多い時は66万人が購読していた。

＊3　Paula Polk Lillard（15頁参照）

＊4　Carolina Montessori（135頁参照）

はじめに

ポーラ・ポルク・リラード（＊1）

マリア・モンテッソーリはこの小さな本に、簡潔ですが奥深い言葉で、親への願いを書いています。まるでこの新しい教育のアプローチの結果を、「どうぞこちらに来てご自分の眼で見てください！」と言わんばかりに。

1900年初頭、モンテッソーリがローマの子どもたちと仕事を始めてから、彼女の教育の考え方や実践内容に多くの関心が急激に高まりました。

本書に納められた文章は1930年のはじめに書かれましたが、その頃はどういった時代だったかというと、モンテッソーリスクールがヨーロッパ全土に、そしてアジアの一部と、南北アメリカ、そしてオーストラリアにまで広がった時代でした。

そんな時代であったにもかかわらず、彼女の発見、つまり子ども自身の発見と、子どもは自己構築するという新しい教育的発見は、あまりにも革新的でした。彼女の名前が付いた学校が、誤解されることも増えていきました。今日でさえ、時としてモンテッソーリスクールとは、子どもたちを好きなようにさせておき、何をしても構わなく、その結果、自己コントロール力や自己規律が育たないと誤解している親もいます。

母として、教師として

1960年のはじめ頃、私は米国オハイオ州シンシナティに住んでいました。実は私もそんな親の一人だったのです。大学では教育学を学び、その後、公立小学校の2年生の教師となりました。その頃、私にはもう7歳を筆頭に4人の幼い子どもがいました。

ある熱心な友人の勧めで、モンテッソーリについての本を読み、彼女の思想、実践－伝記を読みました。それはモンテッソーリのイギリスの友人、スタンディング(＊2)によって書かれた本でした。はっきりと覚えているのは、読み終わった時に自分に断言したことです。「・・・でも、子どもたちはそんなじゃない！」

その後、運良く思いがけないことが起こりました。上の子ども2人が通っていた学校の校長先生で、私が心から尊敬していた方が、同じ学校内でスタートしたばかりのモンテッソーリクラスのアシスタントをやらないかと打診してこられたのです。そのクラスは1年目は3・4歳が16人いて、そして徐々に2年後には3歳から6歳までの

25人のフルクラスになる計画でした。

担任の先生は第2次世界大戦前にフランスでモンテッソーリの養成を受けた方でした。その時、彼女はアメリカで幼稚園の先生をしていましたが、その年の夏にオクラホマシティーでオランダのアムステルダムに本部がある国際モンテッソーリ協会（AMI）(＊3)に認証されたモンテッソーリ・リフレッシャーコースに参加する予定でした。私は彼女に会い、彼女の経験と養成コースの内容に感動し、校長先生の申し出を引き受けることにしました。

まず最初に、私が疑いの眼で見ていたモンテッソーリ教育の子どもへのアプローチは、秋から春にかけての新設クラスで子どもたちの変化を見るうちに、畏敬の念へと変わっていきました。

集中できなかった子どもたち、常に大人からの指示や助けがなければ何をしてよいか分からなかった子どもたちが、徐々に自立し、集中し、自己選択した仕事によって自信を持つようになりました。

特記すべきは、子どもたちがとてもリラックスし、満足していて、互いに親切になり、一緒にいることが真の喜びとなるような子どもたちでした。私は子どもが必要とした時だけ手伝い、ほとんどの場合、一人一人の子どもを観察し、後で担任と共に分

かち合えるようノートを取りました

この頃、私にとって謎だったことは「どうしてモンテッソーリの考え方や実践は、半世紀以上も前からこんなにも誤解されてきたのか？　どうして彼女の名前は、大学の教育学の授業でさえ言及されなかったのか？」でした。

モンテッソーリはこの小さな本で、これらの質問に自分の言葉で答えています。

「私は革命の話をしているのです！」(＊4)

彼女は30年間にわたって子どもたちと仕事をすることによって、「親たちが未だに心から信じている間違った古い考え方に反乱を起こすことを私に教えてくれた」と話しています（第9章）。モンテッソーリは、多くのことを発見しました。例えば子どもが仕事をすることを深く愛していること—自分自身の自立を築くために、そして世界をより良く理解するために、仕事に没頭することなどです。また、子どもたちは環境の中の秩序が大好きで、もし操作や探求ができる具体物が与えられると、自分の複数の感覚を使って、それを大きさや形などによって分類します。さらに子どもたちは、これらの道具を指定された場所に戻し、やりたい時に再び見つけられるようにします。

彼らはこのようなタイプの「仕事」を、喜びと共に粘り強く続け、大人から見ると、まるで彼らが遊んでいるかのように見えます。この結果、子どもたちは自分自身の中に忍耐力を育むようになり、モンテッソーリの言葉通り「意志の芽生え」（101頁）が始まると言えます。

このような子どもの前向きな自己構築への鍵は何かというと、適切な環境を作ることです。子どもたちは何もないところからは構築できません。モンテッソーリの天才的なところは、この有益な環境は何から構成されなければならないかを詳細に示してくれたことです。それは彼女が長い実りある人生の中で得ることのできた子どもの研究結果や、世界中の多様な背景の子どもたちの観察が元になっています。

私たち大人は、子どもの環境の重要な一部を担っています。驚くべきことは、モンテッソーリがこの本の冒頭に、もし子どもたちを正しい方法で援助したければ、まず私たち自身が変わらなければならないと宣言していることです。

また、モンテッソーリは言います。

私たちは大人が子どもを外から形成すると思っていますが、実際は子ども自身が自分でやらなければならないのですと。これは根本的な問いで、子どもを、そして彼らが持つ生来の自己形成の力を尊重しているかどうかです。

観察を通して、生まれながら子どもが持っている力に気づくと、いかに私たちが軽率にも色々な方法で12歳に成長した子どもに、そして18歳に成熟した若者に、彼らの発達の妨げとなる妨害を与えているかに気づくでしょう。モンテッソーリはこう書いています。

私たちが自己を改めれば、子どもは「異なる性質を示します。それは精神的な存在のみが持つ深淵な人格です」とあります（24頁）。

もう一度言います。長時間にわたる集中と、子どもによって自由に選ばれ、子どもの生来の興味を反映している仕事によって、人格と態度に変化が現れます。子どもをこの集中現象にまで導くには、大人は子どもの環境に常に気を配り、その環境が選択された良い活動の障害物ではなく、援助になっているかを確かめる必要があります。

ある子どもたちは適切な環境で自由に過ごせ、ほんの少ししか大人から助けが要らない状態ですが、それ以外の子どもたちはもっと注意が必要な場合もあります。どの子どもも二人として同じではなく、援助することと介入することの正しいバランスは、経験と観察から学ぶしかありません。ですが一つだけはっきりしていることがあります。それは、モンテッソーリが明確に言ったことです。「子どもはいつでも自分のやり方を通していいと私が主張しているとほんの一瞬でさえ、思わないでくださ

い。」（81頁）

さて、モンテッソーリが最初に教育思想と実践に革命を宣言してから、現在は半世紀ではなく、もう100年以上経ちました。しかし、未だ彼女の思想は、人間の発達の歴史的見解とは相反するのですーしかしこの見解は人間生活の最初の24年間の重大な目的を理解していません。この24年間の目的は個々の自己形成の後《のち》、一人の成熟した大人になっていくことであり、大人社会の責任を担えるようになることです。モンテッソーリはこの成熟した24歳の大人は、彼や彼女の時代、場所、文化に適応し、「偏見によって誤らせられず、恐怖によってゆがめられない、自ら鍛えた意思や判断力を主体的に働かせることのできる人間」だと言っています。（＊5）

目を見張るような新しい神経科学の発見と、人間の自己形成の現実を明らかにした現在利用可能なすべての生物学的、教育学的および心理学的な研究にもかかわらず、世界中の家庭や学校で大人は今でも褒美と罰を使って、外から子どもと若者を鋳型に入れて成形しようとしています。彼らが世界を探検し発見するために内なる人間のエネルギーを解放させてあげるのではなく、ただじっと座って静かに聞いていていられるように彼らを強制しているのです。（＊6）

さて、私たち大人は親や教師として、我々の学んだことや価値、人類の進化の歴史や文明を継承していくはずではなかったかとあなたは言うでしょう。もちろんです。知識というのは、口から強制的に入れないで与えるのが最善です。その代わりに、私たちは子どもたちが通過する4つの段階それぞれにある、非常に異なる目標に沿う環境と、各段階の自己形成のニーズに応える環境を、子どもたちに与えなければなりません。この段階とは‥幼年期である誕生から6歳、6歳から12歳、そして12歳から18歳、そして18歳から24歳です。各段階は異なり、独特です。まず、個々の子どもや若者が各期間内に発達させるべきことが段階により異なることと、もう一つはそれぞれの段階に現れる生来の能力が異なり、それは各段階で子どもたちの自己形成を成功させようと、自然が最初から力を貸しているのです。

これはモンテッソーリの天才的な発見ですが、人間発達における各段階の特徴だけでなく、個々の子どもの中にすでにある自己形成を成功させようとする内なる能力に気づいたことです。この持って生まれた能力は、誰でも持つ普遍的なもので、国籍、民族、人種、性別、またその他のすべての人に共通する普遍性を見ないようにさせる他のいかなる要因をも超えるものです。誕生から私たち一人一人が自分自身の中に同じ人間の精神を持ち、我々がその種の仲間として精神的であることが本来の姿なのです。

　モンテッソーリは長い充実したその生涯にわたって、科学的観察と幼児期と思春期を含む人間の発達段階の特徴を研究しました。彼女はそれを謙虚さと共に偏見や先入観なく取り組み、同時に子どもと青少年を尊重し、彼らが自己形成のニーズ、またそれを達成するための内なる力についても明らかに示してくれることを確信していました。

　生涯を通して、モンテッソーリは講演をし、自分の仕事について執筆し、養成コースを立ち上げてモンテッソーリクラスが成功するために必要な自身のメソッドについて説明し、実践の詳細を見せました。これらの養成コースは国際モンテッソーリ協会（ＡＭＩ）というモンテッソーリ博士と仲間によって設立された団体が行っており、このメソッドの保持と広報の役割を担っています。現在は世界中にたくさんのＡＭＩ養成コースがあります。

私とモンテッソーリの出会い

　私自身のモンテッソーリ教育との出会いは、子どもが実際にいるクラスで、その担任がモンテッソーリ教育の伝統的な養成を受けた方でしたので、とても運が良かったと思います。この教師から子どもたちが学んだように、私も彼女から多くのことを学びました…子どもとの関わり方、彼女の態度を観察し、それらを吸収することができました。

彼女は子どもたちの合間を動きながら、優雅さや尊敬することを示す完璧なモデルでした。一人の子どもに活動や教具を提供し、再提供し、他の子どもの手を取りながら、魅了する声で「いらっしゃい。あなたに見せたい特別なものがあるの」また、そっと他の子どもに挑戦します。「音がしないようにお盆を棚に置けるかしら？」または他にも「一滴もこぼさないでグラスに注げるかしら？」

はっきりと覚えているのは、まだ動きに調整が必要な子どもには、彼女は軽いタッチで「まあ、床にコートが落ちているわ」と幼い子どもに言い、また年齢の大きい子どもには「手伝ってくれる？メアリーがイスを入れるのを忘れたみたい」と。

しかしそれよりも今日までで最も鮮明な思い出は、静けさのゲーム(＊7)という活動でした。教師が子どもの名前を呼び、サークルに座るゲームです。床に足を胡坐にして座り、まったく音を立てないで、目を閉じて筋肉さえも動かさない活動です。完全な静けさに1分くらい一緒に浸っています。最後に目を開けて、教師の声で終わります。

「素晴らしかったね！」－それは本当にそうでした。一人一人が平和の時間、そして私たち皆が持つ人間の精神を共通体験したのです。

理想的に聞こえるかも知れませんが、１９７０年代にミルウォーキー・トレーニングセンターでモンテッソーリ教師になった後、自分の学校の共同経営者となり、教師としても教えていました。これはもう夢が叶ったとしか言いようがないですね。

未来への希望

今日になって、クラスに入っていた時のことを懐しく思い出します。問題や悪戦苦闘、克服、そして平和と喜びなど、私はすべてを子どもたちと分かち合いました。最年長だった子どもたちは、もう20代、30代の成人となり、何かを生産する大人になっているでしょう。

今、私の目の前にはもう一つの新たな旅があります。それはモンテッソーリの基本と実践をさらに小学校、中学校、高校へと広げることです。これはとても大きなプロジェクトですが今、世界各地で拡散しています。

この年齢の高い子どもたちへのモンテッソーリ教育の反応は、最初の12年間に通う子どもたちと同じくらい驚くべきものでした。子どもたちは個人レベルでもグループでも熱意と集中力があり、自由と境界線のバランスがある環境の中で、大人が子どもたちを尊重し、彼らが最良の状態になるよう準備しています。それに答えるように学生たちは自分の最大限の可能性、自己ベストを見せてくれます。

これらの若いモンテッソーリ卒業生が成人に成りつつあると思うと、より良い世界への希望が湧いてきます。すべては自分の子どもたちのかけだしの親として始まります。この子どもたちと一緒に始まる大切な旅のお供として、マリア・モンテッソーリの賢い言葉がつまったこの小さな本をお勧めします。

＊1　Paula Polk Lillard：米国オハイオ州デイトン生まれ。世界的に著名なモンテッソーリ教育の著者でありスピーカー。1982年、イリノイ州にフォーレスト・ブラッフスクールを娘リン・リラードと共に設立した。「なぜ　いま　モンテッソーリ教育なのか」1979年、いいぎり ゆき訳（エンデルレ書店）の著者。

＊2　E. M-Standing "Maria Moutessori : Her Life and Work" (London : Hollis & Carter, 1957年）邦訳は「モンテッソーリの発見」（エンデルレ書店）

＊3　AMI（国際モンテッソーリ協会）：Associaton Montessori Internationale（AMI). オランダのアムステルダムにある国際モンテッソーリ協会（以下AMI）は、1929年マリア・モンテッソーリ自身と息子マリオによって設立された。AMIの目的は、社会における子どもの権利を擁護し、すべての子どもたちが持つ無限の可能性をフルに開花できるよう援助すること。また、世界中の大人が子ども時代の重要性を知り、生きる時代や宗教、社会的、政治的な背景に関わらないどの人間も持つ普遍的な発達法則を知ることができるよう多様な活動を世界中で展開。具体的には教師養成コースのカリキュラムや教具の質の維持と向上、モンテッソーリ教師の養成（0－3歳、3－6歳、6－12歳レベル）、教師養成者の育成（3レベルのトレーナー）、モンテッソーリ教具の品質管理と向上、そして貧困、差別、戦禍や災禍で苦しむ子どもたちへの教育援助、学校作りなど、ユネスコや他団体、NGO

と協力し、地球レベルにおいて子どもの貧困を減らし、子どもの真の理解者を増やす平和活動を実践している。http://www.montessori-ami.org/

＊4　"I am talking revolution!"

＊5　マリア・モンテッソーリ著「人間の可能性を伸ばすために」（エンデルレ書店）

＊6　A. S. Lillard著 "Montessori : the Science Behind the Genius" (New York : Oxford University Press, 2017)　及びp. p. Lillard著 "Montessori, the Brain, and the Young Adults" The NAMTA Bulletin（２００８年、５月号1-18ページ）

＊7　（訳注）Silence Game：静けさを皆で楽しむというニュアンスを入れて「静けさのゲーム」とした。

Maria Montessori Speaks to Parents

An Environment for The Child

第1章

子どもの環境

第1章　子ども（＊1）の環境

（＊2）エレン・ケイという人は偉大な女性でした。彼女は「二〇世紀は子どもの世紀になる」と予言した人です。一九世紀の終わりは実証科学の時代でした。学校内に衛生学や心理学が導入され、新しい視点から子どもたちを研究するようになりました。その視点の変化の結果、分かったことは、子どもたちは不幸の犠牲者であり、色々な作業で苦しんでいるという発見です。

本来ならこのような新しい視点からは、子どもを救済するための建設的作業が生まれてくるはずですが、それはまだ感じられなかったようです。ただし、学校を良くするための労働への愛は継続してありました。不思議にもこの問題の膨大さは真には理解されておらず、新しく発見された科学的事実が多岐にわたって解決するように見えましたが、問題の根絶には至りませんでした。

子どもの精神的な疲れを軽減するために取られた最も奨励に値する努力は、屋外でオープンエアの学校を試みたり、ゲームをしたり、罰則をやめたり、楽しい教え方を導入したことなどです。人々はこのことに一丸となり、教師は保護者に向けて、また世界に向けて、科学的な教育に関心を持つように訴えました—しかし、人々は、科学的というのがどんな方法であれ、もともと学校での学習は、子どもが苦しむであろうシステムに従わせることであり、もちろんそれは子どものためだと考えていました。どんな教育メソッドであれ、子どもに苦しみを与えるようなものを本気で提供しますか？　たぶん私たち教育者や親は似ていて、共に愛という名の元に出口の無い道を歩んでいるようです。もしかすると私たちは元に戻って、別の道を試した方が良いのかも知れません。

自分の王国を改革したかったある王様の逸話があります。

彼は家来を集め、その中でもより賢い家来が言いました。『王国を改革するにはまず、あなた自身の改革をしなければなりません。あなた自身と裁判所です』と言いました。

今日、これと並行して言えること、それは、賢い家来とは現在の子どもであることです。なぜならこの問題の能動的な当事者は子どもだからです。集団の過ちを減軽しても、大いなる悪は解決できません。

女性解放を見てみましょう。これも女性にもう少し権利を与えることで解決する問題ではなく、人間の持つ可能性、人類の進歩に大きな貢献ができる能力を持っている女性に気づくことから始まります。

社会に起きている子どもの問題、この諸悪の根源は、根本的な間違いが起因しています。改革論者をどう改革するかが問題です。私たち皆が、変わるべきなのです。我々は大人で、子どもたちは大人に頼っています。子どもの苦しみは、我らの良き意図にも関わらず、私たち大人が要因となっています。もし、私たちの過ちでこのような不幸が起こるのなら、大人自身の態度が変わるべきなのです。

例えば、現在、我々は皆子どもに良い影響を与え、その結果、彼らが賢い人になり、役立つ市民となり、指示に従える素直な心を持つことを願っています。私たちは彼らの造形者であり、自分たちが居なければ子どもは成長できないと信じています。私たちはこの責任を負っていると感じ、我々大人が子どもの人格を創造しなければならないと信じています。私たちにとって、これを成し遂げるには、簡単な方法か、または困難な方法かだけを見つけだせば良い問題なのです。

しかし、基本的な問題がまだ解決されていません。これは、通常、気づかれていないことで、大人は何でも自分の思い通りにうまく行くとは限らないことに気づかねばなりません。大人は態度を改めなければなりません。私たち大人は、新しい役割を果たさなければなりません－もし、子どもを直接、形成しようとするなら、それは子どものの邪魔をしていることになり、助けているのではないことを理解する必要があります。

大人と子どもは、全く異なる方法で仕事をします。大人は環境に対して仕事し、自分に合うように最終的な結果をイメージしながら環境を変えていきます。一方、子どもは人間になるために仕事をします。子どもは徐々に成熟した人格を身に付けられるよう、継続的な活動を促す内なる力を使って仕事をします。未だかつて、私たちはこの自発的な存在、常に仕事をしようとする子どもを知りません。今まで子どもがこのような存在であることを知らなかったのは、それは私たちが彼らの進む道に障害物を置いていたからなのです。

この障害物には2種類あります。

(1) 大人に比べて、か弱い子どもですが彼らには、強い生命エネルギーがあり、子ども自身の環境が必要なのに私たちは大人の環境のみを与える。そこには何一つとして子どもに配慮したサイズの物はない。

(2) 無我夢中で仕事をする子どもを理解せず、子どもがする全てのことに邪魔をしてくる大人と常に戦わなければならない可哀そうな子ども。

ずっと活動していたい時期に、じっと座らせる学校のような場所が適切な子どもの環境だとは言えません。また、家庭という、常に「こっちに来なさい、あっちに行きなさい、触っちゃダメ」を連発される環境も、子どもにとって適切な場所ではありません。ということは、家庭でも学校でも、また教師でも親であっても、子どもに何か葛藤を与えていることになります。私たちは十分な愛情と同時に、無意識なエゴイズムと無意識な欠陥があるのです。

では、学校の主人公が子ども自身である、真の「子どもの家」[*3]を見てみましょう。子どもたちが仕事をしている部屋に入った途端に感じる微かな、しかし決定的な違いを忘れてはいけません。この子どもたちは他の学校で受けるような扱いは受けていません。つまり、どのように教えられたかや、どのくらい理解しているか、また、きちんと規律を守っているかを調べられるような他の学校とは違います。私たちの学校では全く反対のことを学びます。これは非常に大切で、本質的かつ基本的なことです。私たちが学校の第1日目から学ばなければならないこと、それは子どもをどのように尊重するかということです。

きっとあなたは言うでしょう、子どもをどう尊重するかは知っていると。

多分そうでしょう、でもそれはきっと道徳的で、理論的な意味でのことでしょう。私が言うのはまったく尊重そのものなのです。つまり、子どもたちは一等級の社会的人格者として尊重されなければなりません。例えば、クラスに入って子どもたちに次のように聞くのは自然な対応と思われるでしょう。

「何しているの？」また「なぜそんなことしたの？」などです。多くの場合子どもはこれらに答えられないのです。

これらの突然の質問は、子どもを尊重している証《あかし》とは言えません。これを私たちがするのは、子どもの人格が大人より低いレベルにあると思っているからです。ここが私たちが間違っている点です。

私たちは子どもを物のように扱い、あれこれと命令したり、あちらこちらに整列させたり、子どもたちが我々と全く違う世界に住んでいることなどこれっぽっちも考慮せずに、我々の世界に順応させようとしているのです。子どもに適した環境を創る中で、我々にとっての最初のレッスンはまずそばに控えていること。これは、「子どもの家」に入る前の養成中の学生によく言うことです。

「そばに立ち、静かにしている。子どもに話しかけない、音を立てない。ここでは子どもたちは自分の世界にいて、ただ見ることで観察しなければならず、判断したり、訂正したり、教えようと思ってはいけません。これが教師の精神、教師の実践に至るための唯一の方法なのです。」

子どもたちを盲目的に従順にさせる義務があると思っている大人は、自分たちには子どもを訂正する権利があり、その結果彼らは知的で良い子になり、指示に従えるようになると思っていますが、実は自分たちに都合のいいように思い違いをしているのです。子どもはこのようなやり方に対して、自己防衛するようになります。例えば子どもは行動することを許されないので内気や、怠慢になり、罰せられないように面子を保つための嘘をつくようになり、また常に中断されたり集中する機会を与えられないので、その結果気まぐれで、扱いにくい子どもとなっていくのです。大人はさらにもっともっと子どもを訂正するようになり、そこで最初の戦争が始まります。つまり、子どもと大人の間の戦争です。

しかし、大人が子どもに圧力をかけるのを辞めるとすぐに、子どもは異なる性質を示します。それは精神的な存在のみが持つ深淵な人格です。あまりにも既知の子どもの質とは異なる存在なので、彼は奇跡的と言われ、唯一、望まれない態度は、環境への積極的な働きかけで、それは大人にとって迷惑な態度なのです。

例えば、自己中心的で機嫌の悪かった子どもが、長時間の仕事のあと、エネルギッ

シュになり、寛大さが見られるのです。自由を与えられ、自分の手にピッタリの道具を見つければ、活動への欲求が満たされ、その子どもが、どれほど熱中して仕事に取り組むかを見るのは深い喜びです。

私は長年、仕事をする子どもたちを観察してきました。そして学校の中にさらに子どもたちの活動のための新しい世界を作りました。この環境では、子どもは自分の手で簡単に操作できる道具を見つけます。自分で扱える小さなイスやテーブルです。また、仕事をしたいという内なる欲求を満たしてくれる、自らの興味によって自己学習できる教材がそこにはあるのです。

理想的に言えば、家庭でも子どもが扱えるサイズの家具や道具があるべきです。すべての家庭でこれが取り入れられているわけではありませんが、少なくとも大人は子どもにとって精神的に見合った環境を与えなければなりません。

例えば、大人は子どもの作業を中断すべきではなく、また、子どもの代わりにやってしまわないように気をつけましょう。子どもにやり方を見せ、そして子どもにやらせましょう。彼らの自由とは、これなのです。

すべての教師、すべての親にお願いです。どんな素晴らしい方法論よりも、幼い子どもたちと関わる中では、大げさなやり方ではなく、謙虚で単純な関わりであることを心にとめておいて下さい。彼らの生活はいつも新鮮で、競争もなく、表面的な野心もありません。シンプルなことが彼らを笑顔にさせるのです。

彼ら自身のやり方を尊重し、正常な発達を遂げられるよう、そして将来彼らが成るはずの青年と女性になるよう手伝いましょう。

子どもに関わる最高のギフト、それは、私たち自身の抑制力を高める練習ができることです。

＊1　この記事は1931年12月19日の「サタデーレビュー」（"The Saturday Review"）に寄稿された。

＊2　エレン・ケイ〈Ellen Key 1849―1926〉スウェーデンのフェミニストのライター。主に家庭生活、倫理と教育に関する題材を取り上げた。彼女の最も知られている著書は「子どもの世紀」（1999年英語で翻訳出版された）であろう。また、彼女は女性の選挙権を推進する協力的なサポーターでもあり、子ども中心の教育及び初期の子育ての擁護者でもあった。

＊3　「子どもの家」　2歳半から6歳の子どもが通うモンテッソーリスクールの名称。このイタリア語"Casa dei bambini"は、モンテッソーリの友人でジャーナリストのオルガ・ロディー（Olga Lodi）が、ローマのサンロレンツォ地区のモンテッソーリの最初の学校に入った瞬間、「これは学校ではない、子どもの家だ！」と叫び、これが新しい言葉となった。

第2章

教育における新しいメソッド

第2章　教育における新しいメソッド

子どもが必要としていることを理解し、それを彼らに与えることで、彼らが十分に育つこと。それが私のメソッドの根底にある目的です。

小さな身体が発達できるよう子どもに栄養価のある食糧を与えるのと同じように、私たちは彼らの精神性、道徳性の成長のためにも、不可欠な栄養を与えなければなりません。私たちが子どもの身体が大人になることを直接手伝えないのと同様に、子どもの心や人格を私たちの手で形成することはできません。

しかし、子どもの身体に必要なものを与えながら、心に必要なものを与えることができます―これらは、両方、同じように科学的なやり方で与えられなければなりません。

長年にわたる実践と観察の中で、私は**子どもが活動を通して自ら学ぶこと、そして彼らの人格は自由の中で発達する**ことを発見しました。しかし、これは基本的な原則でこれには具体的な実践法があり、モンテッソーリ教材はこのニーズを満たす方向でこれまで進化してきました。この基本的な原則とは、子どもは教わっている時はじっと座ってなければならないとか、子どもの動きはすべて教師の監督下にあるというような従来の考え方とは真っ向から対立します。

同じように、子どもたちにすべてをやってあげる学校側とは、私たちは何の共通点もありません。

顔を洗ってあげ、エプロンを着せて、こぼした食べ物はきれいに拭き、時計による休憩時間が設けられ、レッスンやゲームも全て決められたタイムテーブルで管理されている学校とも何の共通点もありません。

モンテッソーリスクールでは、これらをするのは子どもたち自身です。彼らはいわゆる教師の言葉によって教えられるのではなく―ここでの教師は、観察者であり援助者なのです。

教師は教具の扱い方を見せ、どうやって自分の手や身体を洗うのかを見せます。しかし、実際に教具を使うのは子ども自身であり、何回も練習することによって上達し、自分で顔を清潔に保てるようになります。それによって子どもは能動的でかつ自由になり、この二つの要素によって、しっかりとした人格の重要な要素である**内面的自律**が形成されるのです。

例えば、3歳や4歳の、未だこの要素を身につけていない子どもが私たちの学校にやってきたとしましょう。これを獲得していく様子は簡単に観察することができます。最初、子どもの動き方にはぎこちなさが目立ち−基本的な運動に必要な筋肉の調整ができていません。

この場合、どんな小さな訂正も不必要です。訂正は逆効果となるでしょう。より微細な運動獲得には、きめの細やかな調整をしてくれるような教育が必要なのです。まさに私たちの学校にある軽量で明るい色の子どもサイズの家具がこの子どものニーズを満たしてくれるのです。

もし、子どもの動きがぎこちなく不器用であったら、物にぶつかり、それを倒し、きれいな色を汚し、音も出るでしょう。これが子どもを注意深くさせ、どんな小さな音も立てないでイスを扱えるようになり、絵の具で汚れた箇所も石鹸と水できれいにすることができるのです。徐々に道具を注意深く扱えるようになるにつれて、その子どもには喜びが生まれ、割れやすいグラスが入っている食器棚の埃さえも掃《はら》えるようになります。未獲得の運動技術を心配することは何もありません。彼の目立つぎこちなさは自然に消えていくでしょう。

筋肉調整が完全でないことから派生する2番目の特徴は、現実的な物に注意を向けられないことです。彼は自身のイマジネーションの中に住みたがります。子どもは自分の周りの現実の世界を探求するより、妖精のための豪華なごちそうを葉っぱや小石

で飾るのです。

残念ながら、この特徴はよく親に、優れたイマジネーションの証拠だ、また、芸術的天才が生まれつつあると誤解を与えます。それとは反対に、現実逃避は一つの手段であり、人格の不調和が現われます。子どもが懸命に周りの世界に注意を向けている時のみ、子どものイマジネーションはしっかりとした安心できる基礎の上に形成されるのです。本物のテーブルを用意したり、本当の食事をよそったりという、子どもが興味を持つような活動につなげられる教師は、あちらこちらに放浪してしまう心を呼び戻すことができるのです。そして、この微細運動の調整と共に、さまよう心が現実に向けられることが、唯一必要なレメディー、処方箋なのです。心を現実の物に向ける集中力が確保できれば、同時に心は健全に保たれ、意志が正常に機能するようになるでしょう。

3つ目の特徴は、模倣する傾向性があることです。2歳以上の子どもにとってこれは脆《もろ》さの現れです。このことでわかることは、意志が未だ育っていない、または意志が向けられる方向を見つけていないという状態で、他のものに従っている段階だということです。ここで特別にデザインされた教材が重要な役を担うのです。

3歳から6歳になると、子どもたちは触ることが大好きになり、違う形をくっつけてみたり、色や音を漸次的に並べたりして本当の「感覚の飢餓状態」になるのです。教材を注意深く漸次的に並べることが、子どもたちのニーズを満足させ、これに注意を向けられるようになると、一人の小さな個性ある人間になり、もう模倣者ではありません。3歳か4歳の子どもは、一時間くらい、努力なしに、頑張らずに、集中することができるようになるので、大人による気まぐれな時間割によってこの新しい能力を壊さないように気を付けなければなりません。

人格の形成にとって、この集中力は大切な資質です。集中が起こると、子どもの内面は満足し、子どもは周りの仲間が見え始め、明るく共感する気持ちを見せるのです。子ども自身の精神的な満足感が、子どもを優しく愛情深くし、特に美しいものに対して感受性が高くなります。この活動から離れても、子どもの中には忍耐力や根気強い作業能力など、大人からの圧力なしに、全く自然な形で従順さを学びます。なぜなら、子ども自身が正しいことをしたくなるのです。子ども自身が教材をあるべき方法で使いたくなるのです。活動が終わった時、子どもはその喜びを分かち合いたいのです。幼い子どもを助けたいのです、また他の人々が自分の仕事を尊重してくれるので、まだ活動中の子どもへの邪魔をしようなどとはまったく思いません。

本当に、これらは子どもの大切な道徳性と社会的資質の現れです。私たちの学校では作業自体に内在する喜びを損なうような罰やご褒美はありません。唯一のご褒美は、仕事を完成させたことです－この時にこそ、子どもの内的自律が育ち、人格形成の土台ができるのです。

どれだけ私が子どものことを、また、彼らの仕事についてお話したいことか。そして、彼らが大きくなると共に、さらに多くの教材を使い始め、数字を学んだり、文字を書いたり読んだりを、すべて同じような落ち着きと喜びと共にするようになります。

特に、発達に遅れがある子どもたちも、彼ら自身のニーズを理解するこのメソッドで、彼ら自身の心や人格を発達させる手段を提供することによって、どれだけ次の段階（＊１）に達せられたことでしょうか。

これまで何度もお伝えしてきましたが、もし私の説得が効いたなら、ご自分のためにも是非私たちの学校を訪問され、この興味深い実践をご覧いただき、仕事に向かう幸せな子どもたちを目にして頂きたいと思います。

＊１　原文：normal standard

Maria Montessori Speaks to Parents

Parents Can Be Too Loving

第3章

愛しすぎる親

第3章　愛しすぎる親

私たちは愛するがゆえ、思慮に欠けた接し方を子どもにしてしまうことはいとも簡単なことです。私はこれをあからさまにではなく―例えば思慮に欠けた愚かな母親が子どもが泣いたからと言って毎回抱き上げ、それによって子どもは愛撫してもらうには泣けばいいという癖を身に付けるような―思いもよらないさりげないことが原因なのです。

例えば、赤ちゃんが何か興味を持った物に手を伸ばそうとしている時、私たちはそれを与えます。すると子どもは落とし、そして泣くことを繰り返す。私たちの愛情がしてしまうことは、これが2、3回続くと忍耐力が切れ、その玩具を取り上げてしまうことです。

「わるい子!」「わざとしてるでしょ!」そして「こんなことを許すとわがままで移り気な子どもになってしまう」と思うのです。私たちの愛情は、子どもが揺りかごの中にいる時から、訂正や躾で型にはめることが将来の我が子の人格を形成すると思ってしまうのです。

でも一瞬でもいいのです。この小さな赤ちゃんのことを考えてみましょう。ガラガラに手を伸ばして、お母さんが彼にそれを差し出します。小さな指は物の周りを包むように閉じて、また指が開いて、物は落ちるのです。赤ちゃんはそれをもう一回体験したいのです。小さな指はもう一度閉じて、また開きます。この赤ちゃんを見てください。いやになるほど何回も何回も落として―拾う部分は忘れて！これはあなたから見た光景です―赤ちゃんが自分の小さな指を見ていること、どれだけ自分の指に関心があるかを見てください。赤ちゃんは自分の筋肉を発達させています。近くでこれをよく見ると、一度に全部の指が開くのではなく、一本ずつが開いていくのが見えるでしょう―これは大きな大きな進歩です。徐々に赤ちゃんは自分の指の主《あるじ》になり、ガラガラを落としてあなたが赤ちゃんのために忍耐強く拾ってあげることで、嬉しさのあまりキャッキャッと笑います。彼の中には「いたずら心」はまったく見当たりません。外からの躾も要りません。なぜなら、すぐに手の指への興味が消え、次に世界で一番関心のあることは、自分の足の指となるかもしれないからです。

多くの母親が、自分の子どもたちを深く愛していますが、愛情の賢いかけ方を理解しているでしょうか。

結局のところ、近年になってやっと教育者が、子どもたちのことを理解し始めたことは驚くことではありません。つまり幼い子どもは、自分の筋肉を何度も練習して発達をもたらすことと並行して、周りの世界にある物に対しても自発的に手を伸ばす衝動を持っているということです。

子どもが自《みずか》ら成長することを心にとめておくことは非常に重要です。私たちは手助けしたくて仕方がありません。私たちは成長や発達は子どもにとって重荷と感じ、彼らにとってあまりにも大きな課題と思います。すべての工程を容易にするためにできることを、何でもしてあげたいと思います。ですから、私たちは衝動的にやり過ぎ、過度に注意したり、訂正したり、子どものエネルギーを自然な成長の道筋から逸脱させ、その結果、神経的な病理、恐れ、怠慢さ、いたずらや他の望ましくない特徴という、本来なら簡単に避けられたことも、もたらしてしまうのです。

この不快な症状をなくすために、私たち大人がさらにしてしまうことは、自分たちが信じる道筋を歩ませるために、幼い子どもの人格を徹底的に矯正することです。そして、心から渇望する結果の代わりに、もっと子どもを内向的に向かわせ、子どもは怒り、気まぐれに泣いて、まるで癇癪を起すことを楽しんでいるかのようです。

実際には、子どもが健康状態にあるときに、不機嫌であることほど不自然なことはないのです。自然な成長を遂げている時、もし手で扱える興味のある小さな物が身近

にあれば、子どもは常に何かの作業に没頭しています。

この、子どもが興味を持つものを操作することによる、子どもの発達原理にしたがって、私のメソッドは考えられています。30年以上、私は幼い子どもたちと仕事をし、彼らの発達を観察することで教育の方法がわかったのです。そして学んだ中でも、他よりも際立つ非常に重要なことがあります。

それはあまりにも子どもたちを愛するあまり、彼らに何が必要かが見えなくなっていることです。皆、子どもたちが素敵な青年や女性に育ってほしいと願っています。そして彼らの内側には自らを育てる発達の力があることに気づかずに、毎回小さなことで彼らの行動を訂正し、彼らをイライラさせるのです。

次のようなことは外からは見えません。

何かに興味を持つ子どもが、ある小さな計画が含まれた活動で、その子ども自身が動くことで意志や自己制御を育てていることを。

子どもはまるで疲れを知らないかのように、あるパターンをブロックで作り続けているとき、外からの規律は要りません。この時、子どもは自分自身を律しているのです。

どうか私が言う「愛が私たちの多くを、不必要で間違った方向に導く」の意味を誤解しないでください。

私は、決して子どもの行動を訂正しないでくださいと言っているのではなく、「○○はダメ！」だけでは効果は薄く－本当にこれは彼らを恐怖や怒りで一杯にさせてしまい、害を与えてしまうことがあるのです－それよりも彼らに他の活動を与えましょう。それは彼らが喜んでする活動で、私たちがやめさせようとしていた活動や態度をすっかり忘れてしまうくらい楽しい活動です。でも、皆さんの中にある、発達を手助けしなければいけないという心配のあまり、極端な方向に進んでしまって、何でも手伝ってしまってもいけません。子どもの中にある自発的な衝動が、適時にその子ども自身の成長のペースを決めます。賢くて、愛情にあふれた親はそばにいて、子どもの活動を観察し、彼の発達を強制するのではなく、観察するのです。親は手助けが必要な時だけ手を出せばよいのです。

よく幼い子どもは蝋《ろう》に例えられます。私たちの手の中にいるのは未来の有能な市民だと信じて、その蝋が未だ柔らかくて、操作可能な間に練り込み、思い通りの型にしようとしています。確かに、子どもの脳はまるで筋肉が蝋のような状態で、特別にデザインされたエクササイズによって変化が起こるように可塑性があります。

しかし―身体と心は平行で―もし通常の子どもの筋肉の成長や発達を邪魔すると、簡単に子どもの身体的発達を破壊することができるように、私たちが子どもの邪魔をし、彼らの知性や精神的発達を通常の道筋から力ずくである方向に向けてしまうと、微妙に子どもの人格をゆがめてしまうかもしれないのです。

私たちが賢明であれば、愛と理解を統合できるでしょう。こんなに柔らかくて小さな子どもが、色々な逆境に立ち向かい、内なる発達の指針に勇敢にしたがう姿は驚きです。しかし、子どもはこれをするのに非常に大切なあるエネルギーを使っているのです。もし、私たちが子どもの活動を妨害してしまうと、彼らは反撃にかかってきます。私たちが愛する故に無知であれば、子どもの反対側に位置することになるでしょう。一方、私たちが賢明であれば、子どもの発達を理解と共に見守り、子どもが自信を付け、喜びに溢れた子ども時代を共に分かち合うことができるでしょう。

Maria Montessori Speaks to Parents

Children World Rather Work Than Play

第4章

子どもたちは遊びより仕事を好む

第4章　子どもたちは遊びより仕事を好む

「子どもにとって遊びはとても自然なものよ」「子どもは遊ぶより仕事をするって本当？」という声が聞こえてきます。

私は本当にそう思っています。それはほとんどの人が考える子どもの「遊び」と「仕事」を、私が同じようにとらえていないことが相違点といえます。

おそらく皆さんは、子どもが仕事をしているのは何かのレッスンをしている時だったり、家で簡単な作業をしている時だけで－どちらにせよ心から楽しんでいないか、外に行って遊びに行きたいのをこらえているか、どちらかだと思っているのではないでしょうか。

私が次のように言うと、きっと驚かれるでしょう。

皆さんが「遊び」と呼んでいるほとんどが実は「仕事」なのです。大人は遊びを、目的が無い作業で、子どもを楽しくしておいてくれるので、いたずらをしなくなるものだと考えます。しかし実際には、一人にさせて自分で遊び始めると目的のない部分がほとんど消えていきます。子どもは鋭い直観のような自己防衛力を持っています。

大人の多くは子どもたちの仕事を理解していないため、母親が子どもは遊んでいると思っている間も、自分のやっている仕事の重要な部分を上手く隠そうとします。

多くの親が固く信じていることが一つあります。それは－仕事は子どもにとって難しいもの、そして目標のない遊びは簡単で自然であるもの－ということです。幼い子どもが眉をひそめて本を読んでいて、一生懸命学ぼうとしているとき、大人は彼らが作業中で、当然仕事とは難しいものと判断しがちです。一方、もし同じ小さな男の子がモンテッソーリのクラスで、切り取られたアルファベットの周りをなぞっていたり、観るだけで文字を理解したり、文字をある順序に並べて知っている単語にしながら喜びと満足感でクスクス笑っていたら、大人たちはこれを「仕事」とは呼ばずに「何かを学習している」と言うでしょう。「でも何だか楽しそうで、遊んでいるとも言えるわね。でも学習って難しいはず。何だか混乱する。」

なぜ混乱するのか？それは、大人はまだ、学びは子どもにとって自然で楽しいことで、一方、目的のない遊びはそうではないと発見していないからです。私たちは大人のやり方によって教え、子どもが学ぶことを、困難なものとしてしまっています。

子どもにとって自然で楽しい学び方は、物を触ったり、動かしたりするやり方で、

法則を暗記したりするやり方ではありません。私たちの子どもの遊びの概念は間違っています。なぜなら、子どもは常に自分の発達のために忙しく働いていて、大人はそれに気づいていないのです。

大人の発想によると、仕事とは目的に達成するための手段で－給料のために何日も事務所で過ごす－というイメージがあります。しかし、子どもにとっての仕事とは、自分のためにするものです。子どもの仕事とは、子どもをある最終目標に向かわせ、仕事によってなるべき人間に自身を構築していきます。しかし、子どもはこれを知りません。唯一わかっているのは、これをしている最中が楽しいということです。これが子どもの仕事です。

小さな女の子がせっせとお人形の服を着せたり、脱がせたりしている時、些細なことでこの子を中断させることをためらうお母さんはいません。でも、その時、どれだけその女の子が没頭しているかを見てください。その子の仕事は途中で中断されてはならないのです。その子の小さな指は機能的に動くようになり、幼い脳はお人形がきちんと服を着るという秩序も学んでいるのです。

私たちは、高価な玩具こそが子どもを喜ばせるという完全に間違った考え、軌道に

乗っています。または何でもやってくれる乳母がいる子どもは幸せだと思うこともそうです。

実際には、忙しい母親の子どもこそ何でも自分でする機会があり、簡単な材料から玩具を即興し、創意工夫するようになり、これこそがその子の幸せなのです。

子どもは自分のやり方で自由に活動できるようになると、「遊び」を意味のある自分の必要性に見合う「仕事」に変えていきます。

一方、裕福な子どもは、多くの場合、大人が面白いだろうと想像したやり方で遊びます。ですから、段ボール一杯のたくさんの玩具を持っている子どもは、飽きていたずらをし、一方、放っておかれる子どもは、シンプルなことに喜びを見出し、自分で見つけた仕事に何時間も楽しく没頭できるのです。

大人は、たくさんの心理学の学習にもかかわらず、子どもの動機を見抜いていないのです。彼らの動機が我々のと全く異なるので、推し計ることが難しいのです。私たちは形のある物を望むのですが、子どもが望むのは興味のある作業だけなのです。子どもが感じる今の幸福感と発達、そして将来、この子どもの人格形成や知性は、子どもが自ら選んだこの「仕事」に大きく依存しているのです。

賢い母親は遊びの時間が無駄に費やされないことを忘れないでしょう。子どもたちが没頭し続けている限り、彼らは自分の成長に向けて「仕事」をしています－なぜなら子どもは「遊ぶ」より、むしろ「仕事」をしたいのです。

Maria Montessori Speaks to Parents

Let Your Child Keep His Secret

第5章

子どもの秘密は
そのままに

第5章　子どもの秘密はそのままに（＊1）

子どもが秘密を持っているなんて、ほとんどの大人は疑いもしていないでしょう──事実、子どもが自分たちに何かを隠しているという考えさえいやだという、何人かの親を知っています。

ある可哀そうな母親は、自分の可愛い5歳の娘が毎分毎秒やっていることを知りたがり、ずっと子どもに質問し、干渉し続け、なぜ自分の子どもが制御できないほどの癇癪を起こすようになったのかを理解できませんでした。私が「それは子どもが直観的に自分の秘密を守ろうとしているだけで、大したことではない」と言った途端、彼女は私に対して怒りすら見せました。

『ひみつですって⁉』とけげんそうに言い、それからこう付け加えました。『ジョーンに私の知らない秘密なんてありません！　彼女のすることすべてにママは関心があることをいつも伝えています。彼女が大きくなったら、ママが大親友だって感じてほしいし、何でも打ち明けてほしいと思っています。』と言いました。

「もし、あなたが子どもへの態度を執拗に変えなければ、お子さんもしつこく癇癪を起こし続け、ある時、もう取り除けないバリアがあなたたち二人を隔ててしまうでしょう。」と伝えましたが、彼女を説得するにはかなり時間がかかりました。もう少し精神力が弱い子どもなら、まったく逆に反応し、自分自身の人格がなく、母親の言うことに追従するような子どもになってしまうでしょう。いつでも誰とでも活動をシェアでき、親切でおしゃべりに夢中だけれども、少し存在感のない架空の世界にいるような子どもです。秘密のない子どもは人格のない大人となるでしょう。

この、子どもが持つ秘密とは、神秘的なものではまったくありません。彼らの成長の本質であり、それはもちろん彼らは誰かに説明することができないのですが、愚かな大人が秘密を無理矢理に取り上げようとしてしまうのです。

現在は科学的な世の中になり、人々は理由を理解するために忙しく、すべての原因を解明しようとしています。意識の高い親の多くは、深く考えずに、自分の子どもを知りたいがために子どもに質問するのです。でも、これは幼い子どもに秘密を聞き出すことになり、これに対して子どもは怒りを示すのです。

GAP

そして、そのような探り方で良いことが生まれるはずがありません。子どもがきれいな花を見て、その名前と色を知りたいとしましょう。賢い母親はこの花はバラで、色は赤と伝えます。母親は尋ねられた時は手助けをし、それだけで子どもは満足するのです。子どもはさらに吸収し、もっと知りたくなり、満足がいくまで聞きます。

でも、母親が『どうして花の名前を知りたいの？』『どうして突然、色に興味がでてきたの？』と聞いても子どもは答えられません。懸命に頑張りますが、混乱してしまいます。母親は彼の秘密を突き止めようとします。次回、子どもが何かを知りたくなったとき、彼は不思議な質問をしてこない先生に聞くでしょう。もし、教師の中にそういう人がいたら、ですが。

癇癪持ちの小さなジョーンが私たちの学校に来たとき、最初の日、何をしてよいか分かりませんでした。なぜなら、誰も彼女を邪魔しませんでしたし、誰も彼女に質問をしてこなかったからです。彼女は子どもたちがやっているすべての教材を見て、数のビーズを持ち上げました。教師がそれでどうするかを見せてから、今度は砂文字を取り、自分から教師に持って行き質問するまで、まったく一人にしておいてもらえたのです。

11時になると彼女は深いため息をつき、『すごくたくさんのことをやった！』と言いました。確かに彼女は少しずつですが、全部に手を出そうとしました。

次の日も同じように一つの活動から次の活動へと移っていきましたが、今回は一つずつにもう少し時間をかけました。3日目になると彼女はもっと没頭して、一つひとつの形を触り、そこで一時間、誰にも邪魔されずに、注意深く図形の角や曲線を指でなぞり、そして紙に丁寧にアウトラインを描きました。

その日から彼女は違う子どもになりました。物事にすぐにとりかかれるようになり、深い集中力を見せるようになりました—そして誰も彼女を干渉しなかったので、学校では一度も彼女の癇癪を見たことがありませんでした。もちろん家庭では簡単には消えませんでしたが、母親に学校に来てもらい、子どもたちが仕事をしているのを見るように伝え、子どもが助けを求めない限り、彼らがやっている作業に仲間入りしたり共有しないことがいかに大事かを説明しました。子どもが積極的に関心を持ち続けている限り、活動に問題はなく、子どもは疑いなく自分自身の発達に向かって、「仕事」をしているのです。そして新しい知識の吸収と共に、子どものなかには集中力と自己規律が育っているのです。

子どもはなぜある時期になると、自分がある特別な物や動きに関心が出てくるのかは自分で分かりません─大事なことは子どもが何かに関心があり、子どもの精神が育つのは、身体もそうするように自然なことなのです。ですから子どもがある時期に持つ興味の対象が、その子どものニーズに適切であると言えるのです。

私たちの学校は「子どもの家」[*2]と呼ばれ、主人公は子どもたちです。訪問者には事前に、子どもたちをまるで展示された陳列物かのように質問しないように伝えています。訪問者は子どもの家のお客様として訪ねてきますが、ゲストがホストを敬うのと同じように、子どもたちを尊重するよう求めます。訪問者はひときわ子どもに対して「何をしてるの?」とか「どうしてそれをやったの?」「これの意味は何?」などと聞きません。

子どものやっていることを詮索するのは無益です。なぜなら、子どもは自分の身体の成長に比べて、自身の精神の発達の説明はできず──気を付けなければ私たちは軽率な質問で子どもの発達を逸脱させ、子どもの自立心をも破壊させてしまうのです。

私たちのすべき仕事は、子どもに求められたら手助けをすること。危険や有害でない限り、子どもの活動や興味の邪魔をしないよう配慮すると、自然は子どもの発達に味方してくれるでしょう。

皆さんの小さな息子や娘は、未来の青年と女性になる過程にあります。どうか彼らが子どもの秘密を保てるようにしましょう。必要な時にあなたに向かって助けを求めにやってくることに深い満足感を得られるでしょう。そして何年かのうちに、子ども時代の秘密が、大人の中に育つしっかりとした人格と優れた自立心の土台となることがおわかりになるでしょう。

＊1　この章はマリア・モンテッソーリ著“The Child, Society and the World : A Selection of Speeches and Writings”(Amsterdam : Montessori-Pierson Publishing Company, 2016) より抜粋されたものを今回翻訳した。(邦訳「子ども－社会－世界」ドン・ボスコ社発行、クラウス・ルーメル／江島正子共訳)

＊2　「子どもの家」：第1章の注3を参照。

Maria Montessori Speaks to Parents

When Your Child Knows Better Than You

第 6 章

子どもはあなたより知っている

第6章　子どもはあなたより知っている（＊1）

もし、愚かなカエルの母親が池で自分の小さなオタマジャクシに言ったとします。「水から出ておいで、新鮮な空気を吸って、若草の上で楽しんでごらん。そうすれば強くて健康な小さなカエルになれるよ。さあ、おいで。お母さんは何でも知っているんだから！」小さなオタマジャクシは従い、それはもちろんオタマジャクシの人生の終わりを意味していました。

残念ながらこれが私たちの多くがやっている子育てのやり方です。私たちは、子どもたちが賢く、良い性格で、礼儀正しい人の役に立つ市民に育ってほしいと強く願っています。ですから多くの時間と忍耐力を、子どもを訂正し、これをしなさい、あれはダメと注意することに費やします。そして子どもたちが「ママ、どうしてなの？」と聞いてくるとき、なぜ自分が子どもを干渉するのかの理由を立ち止まって考えず、「だってママが一番知っているから」と言い逃れてしまうのです。

あの愚かなカエルと私たちが全く同じ立場にいるとわかるのは、すでにそれが見えている人だけです。私たちが型にはめようとしているこの幼い生命の知性や人格を発達させるのに、強制や圧迫、訂正や間違い探しは必要ありません。時が満ちれば、オタマジャクシがカエルに成長するように、自然は子どもたちの成長の後押しをしてくれています。

「でも、」という声が聞こえてきます。「子どもたちを好きなようにさせていいのでしょうか？彼らは経験がないのに、どうやって何が自分たちにとって良いのかを判断できるのでしょう？今のうちに礼儀を教えておかなければ、彼らは将来小さな野蛮人になるかもしれないことを考えてください・・・」

そして私はこう答えます。「今まで一日でもいいので、子どもたちを干渉しないで好きなことをやらせてみたことがありますか？」

是非やってみてください。そして驚かれるでしょう。よく観察して、何が彼らの関心をとらえるかを見ていてください。おそらく子どもたちは、あなたが鍵穴に鍵を入れて回しているのを見て、やりたいと思うでしょう。または掃くお手伝いをしたいとか、またはきれいになった床に小石で面白い模様を並べたり。

ここであなたは通常ならこう言うでしょう、「邪魔しないで、あっちで玩具で遊ん

でなさい！」

でも今日は彼らに鍵を与えてあげましょう、掃けるように小さな箒を探してあげましょう。床の模様をそのままにして、どれだけ子どもが没頭することか見てみましょう。幼い子どもにとって、一回や二回は十分ではありません。同じシンプルな動きを何回も何回も内なる欲求が満足するまで繰り返します。驚かれると思いますが、このように本当に興味があることに無我夢中になることを許されると、子どもは通常のいたずらをしなくなるのです。

一方、親が我慢できずに介入したり、何かを吸収している最中に止めさせると、子どもの集中力や我慢強さを破壊してしまうことになります―大変価値のある自己学習のレッスンの機会なのです―不満になった子どもは落胆し、落ち着きが無くなり、感情のはけ口をして意図的に悪戯をするようになるでしょう。

幼い子どもを訂正しないと、私たちが恐れている起こり得る問題とはどんなものでしょう？彼らのことを思って訂正してあげ、ほとんどの時間は誠実にそう信じているのです。不思議なことに、子どもにとって良かれと思ってすることは、同じように私たちにとっても好都合でもあります。私たち大人は忙しく、忘れがちになります。つまり、オタマジャクシも彼ら自身がしなければいけない仕事があるということ、子ど

も自身が自分たちを一人前の男性と女性に育てるということを。
そして、これは彼らにしかできない仕事です。私たちができる最大のお手伝いは、そばにいて、彼らが独自の方法で発達し成長しているのを見守ることです。

一方で、彼らの仕事をもっと難しくもできます。もし、「お母さんは何でも知っている」に固執し、彼らの育ちゆく知性と人格を大人の基準にしたがって型どおりにしようと思えば、そこで成功するのは、唯一、彼らの自己規律の破壊でしょう。まだ興味を持っていないことに焦点を当てさせると、子どもの集中力を壊してしまうことにつながり、大人がさらに強制してしまうと、子どもたちは人を騙すことも覚えていくでしょう。

もし、我々が態度を完全に変えることができ、こんな風に自分に言い聞かせられれば良いですね。「我が子は、自分にとって何が最良かを知っている。もちろん、私たち親は子どもが危険な目に合わないように見る必要はありますが、我々のやり方を教えるのではなく、小さな生活の中で自分のやり方で人生を生きるという自由、それを子どもに与えてあげましょう。」もし、我々がよく子どもを観察できれば、たぶん幼児期の仕組みが見えてくることでしょう。

これは、我々の肩に重くのしかかる親の責任問題を、新しくとらえなおす方法です。こうやって子どもから、幼児期の仕組みを学んだ人は（大人の考えからではなく）、まず、発見したことに驚愕するでしょう。そして、どの人も同意する共通点があります。それは、子どもたちは、自分たちの興味の世界に住み、そこで彼らがする仕事は大人から見て不毛で無意味だと思われがちですが尊重されなければならず、自然はそれらを使って彼らの最終目的に還元しているのです。子どもは骨や筋肉を発達させるのと同じように、精神や人格をも構築しているのです。

子どもたちへの最高の手助けは、自分の仕事を自分のやり方でする自由です。なぜならこれに関して子どもは、みなさんよりもよく知っているからです。

＊1　この記事が最初に出版されたのはモンテッソーリ著「The Child, Society and the World」（邦訳は「子ども―社会―世界」クラウス・ルーメル、江島正子共訳）で、今回は原書から翻訳した。

Maria Montessori Speaks to Parents

The New Education of Movement

第7章

動きを通した新しい教育

第7章　動きを通した新しい教育

「子どもって本当にじっとしていないんだから！」

これまで何度、この言葉を聞いたことでしょう。自分の子どもが二分もじっと列に並んでいられなくて、心配そうな母親がこのように訴えるのをよく耳にします。そして私はいつもこう答えます。

「もちろん子どもたちは、命令されてじっとしていることが出来ません。なぜならそれは自然なことではないからです。ですからじっとしていない子どもには別の理由があり、彼らを止めることは容易なことです。」と。

そわそわするのは目的のない動きですが、健康な子どもは、ある方法で妨害されない限り、基本的に目的なしに動きません。多くの親が気づかないのが、連続的に繰り返す動きは子どもにとって自然で、彼らは活動を通して成長しているのです。

もちろん、ある時はじっとしていなければならないこともあるでしょう―例えば、出かけるので、娘に服を着せた後、彼女が庭で泥だんごを作りたいといっても許可できません。そうですね。でも単純にイスに座らせ、あなたが用意できるまでじっとしていなさいと言うよりも、もっといい方法が他にもあるのです。

娘を注意深く観察したことがありますか？

では一番最近、彼女が静かになってしまった活動は何ですか？30分前に、彼女がドアの鍵を鍵穴に入れて回していたのを見たとしましょう。小さなケースに鍵と錠を入れてあげましょう。もし興味を持ったら、彼女はすぐに鍵を錠にさして開けようとするでしょう。そして驚かれると思いますが、どれだけ彼女が一人で夢中になるか。活動に集中している子どもにはそわそわが見られません。家を出る前に癇癪を起す場面もなく、駄々をこねるシーンもありません。

気づかれたかも知れませんが、子どもに何でもやってあげると、子どもは落ち着かなくなり、手が負えなくなることがあります。母親は急いでいるので、幼い息子が自分でソックスや靴を履こうと何度も繰り返すのをさせることが出来ず、代わりにやってしまうのです。そうすると子どもは反抗し、そわそわ動き始めます。これは子どもが自分の行動を妨害されたサインです。

どうか誤解しないでください。子どもは常に自分のやりたいことを許されるべきだと言っているのではありません。これと、「子どもを妨害するのは良くない」というのは、意図することが異なります。

従順を教えるには二つの方法があります。

古い間違ったやり方では、これをしなさい、あれをしなさいと子どもは言われるだけで、従順でないときは罰せられました。

そしてもう一つの方法は、私の教育システムが土台にしている考え方（＊1）です。皆さんのお子さんに彼らが唯一、差し出せるもの、素直に出来ることを頼んでみてください。これは従順さを引き出す一つの方法で、ある聞き方をすると喜んで差し出してくれます。こうして子どもは自然に従順の習慣を学ぶでしょう。

そんなに昔ではありませんが、学校で教師が話す間、子どもは完全に沈黙して静かに座っていなければなりませんでした。当然、子どもは落ち着きがなく、服従することなく、学ぶことはむずかしいと感じていました。そんな状況でも、彼らがあれだけ学習できたのは驚きです。いずれにせよ、毎日繰り返すことによって、遅かれ早かれ身についたのかもしれません。

そこで、この不自然な静止と静寂に代わってのレクリエーションとして、子どもたちに体操が与えられ―彼らの固まった小さい身体もそれを必要としていました、私が

信じて疑わないのは、この体操というものは本人の考えや忍耐力なしにできることで、単純に命令に従う従順な動きでしかなかったのです。

しかし、今日、私たちは子どもたちを異なる方法で教育します。

朝、子どもたちが来ると、たくさんのしなければならないことが待っています。子どもたちはクラスの世話をします。小さな箒で床を掃除し、埃を払い、ごしごしこすったり、ぴかぴかに磨くのです。それから自分自身の世話をします。子どもの手が汚れている時、私たちは彼らを洗面所に連れて行き、手や顔を持って洗ってあげることはしません。子どもたちはこれらのことを当たり前に学び、2歳や3歳の子どもでも物を運ぶことができ、自分で洗ったり、配膳したりすることができるのです。

子どもたちはこのような自分の世話が大好きです。丁寧に注意深く、そして正確に緻密にこれらの動きができるよう、自分で学んでいきます。

これは双方向の運動を介した学習で、作業を丁寧にすると筋肉調整が洗練されます。また、運動を通した教育であるのは、これらの活動をするには、判断力、意志、自己規律、そして秩序への理解が無ければできないからです。私たちは彼らにこれを教えて小さな召使いを作ろうとしているのではありません。そうではなく、観察の結

果、子どもたちが自分の日々の動きをもっと洗練させ、向上させることに強い関心を持っていることを知ったのです。

モンテッソーリスクールにあるもので、小さな子どもたちが最も楽しむのは着衣枠（＊2）です。額縁のようなフレームと2枚の布でできていて―あるものはボタンとボタンホール、他にはリボン、ホックと鉤、靴のボタン―などがあります。

幼い子どもたちが全身全霊で、ボタンのかけ外しや蝶結びをしているのを見るのは深い喜びをもたらしてくれます。

その次に彼らがしたいこと、それは、新しい知識を応用したいのです。自分で服を着たい―賢い母親ならそれをさせてあげ、そばに立ち、必要な時に手伝うだけです。

この動きを通した教育こそが私の教育システムの中核です。例えば、従来子どもたちはまず読むことを学び、書くことは後でした―しかし、今は子どもたちは逆に学びます。まず、彼らは大きなサンドペーパー（＊3）でできているアルファベット文字を指でなぞります。3歳の子どもは、自分の指で文字のアウトラインをなぞり、文字の名前を覚えますが、これは視覚でわかるもっと以前にします。それから子どもは鉛筆を持ってアウトラインを自分で書きます。これは大きなステップです。

それから子どもは、音をいくつか組み合わせて単語を作ることを学びます―それから読むことが自然に始まり、そこにはまったく一遍の難しさはないのです。

これは算数も同じです。昔のやり方では、教師が子どもに掛け算の九九を暗記させ、それから算数問題を教えました。今日の私たちの学校では、子どもたちは長さの異なる棒(＊4)を使い、長さの比較を一本ずつ持ちながら体験し、正確に並べていくのです。このメソッドは彼らを自然な形で実践から原理へと導くのです。

最初にまず体験から学び、実践には動きが含まれていて―そしてそれは調整のある動きであり、なぜなら子どもたちは常に動きを洗練することに向かって動いているからです。子どもたちにとって自然な活動的な方法で動いていますが、同時に彼らは学んでいるのです。

これは、動きを通した新しい教育です。子どものいる家庭でも、同じ原理が応用されなければなりません。教師の話をじっと座って聞いていなければならないのは脳も身体にとっても最悪の学習状況です。同じように、家庭にいる子どもで、大人の便利さのために厳しく躾けられ、子どもがどんなことに興味を持っているか、という知識も、自然な動きができるようにする配慮もない家庭は、子どもの精神や身体にとっても最悪で、従順さや礼儀正しさのためであれ不適切な環境です。

モンテッソーリスクールで特別にデザインされた道具を使っている子どもたちや、家庭で着脱や配膳を任されている子どもは、事実一〇一個の活動をやっていて、誰の迷惑にもならず、実際、その子どもたちは自己構築に励んでいる真最中なのです。

そしてそのやり方は動きを通した学び方なのです。

＊1　例えば、歩けるようになり両手が自由になった子どもに「これをパパに持っていって」と運ぶことを頼むと、子どもは喜んでそれをやってくれます。

＊2　着衣枠：子どもが自分で何回でも着脱を練習できるよう考案されたモンテッソーリ教具の一つで、ボタン、スナップから蝶結びやファスナーなどがある（85頁の写真を参照）。

＊3　砂文字：モンテッソーリの言語教材の最初の教具で、板に砂で文字が書かれている。触れて、見て、発音を聴いて、同時に3つの感覚（触覚、視覚、聴覚）を学ぶことができる。

＊4　数の棒：モンテッソーリの数教育の最初の道具。一の棒から十の棒まで漸増する十本の棒からなり、棒に触れることで抽象的な数が、より明確な具体性を持つ。

Maria Montessori Speaks to Parents

Backward Children are Not Hopeless

第8章

発達に援助が必要な子どもたち

第8章　発達に援助が必要な子どもたち

発達に遅れがある子どもは、健全な子どもと違うと考えるのは、本質的に間違っています。一般的に、彼らも家庭で兄弟姉妹、そして両親に囲まれて暮らしています。そしてもし彼らの、「違い」だけに焦点を当てていると、発達に遅れがある子どもたちは大変生きづらくなります。彼らは人々の偏見を乗り越えなければならず、またその上に発達も取り戻さないといけないのです。

子どもが異なるということ自体が偏見なのです。この発達に遅れがある子どもは、徒競走の背後にいるようですが、彼だけのトラックで走っているわけではありません。特別な配慮が必要なのに、他の子どもに追い付かなければならないとするならば、皆と同じような訓練を受けなければなりません。

おそらく、私自身のお話をする方が分かりやすいかと思います。何年も前のことですが、健常児と仕事をする前、私は発達に援助が必要な子どもにとってより良い教育方法を模索していました。その頃、健常児は言われたことを暗記し、ルールも覚えるだろうと思われていましたーそして彼らはそのようにしましたが、大変難しく、子どもたちはこのようなレッスンが嫌いになりました。私たちは発達に援助が必要な子どもたちを同じように教えることはできませんでした。

根気強く担当の子どもたちを観察し、私は彼らと実験を続けました。するとある時、彼らの興味をとらえたことがありました。それは単純に、自分の靴を履いて脱ぐという作業でした。彼らが好きなだけその行為を繰り返せるようにしました。そしてそれに飽きたころ、私は何か他のもので彼らの興味が再度湧くようなものを考えました。多くの人からみて、知的ではないと思われて子どもたちを相手に、これは無益な方法だと思われるかもしれませんがー私は自分の教育法が土台とする原理を発見したのです。

子どもたちは、発達に援助が必要であっても、健常であっても、活動を通して知性を発達させることができる、ということです。

ここに一例があります。従来の教え方は、子どもにまずルールを教えます。それから応用するやり方です。ですから読むことは、書く前に教えられました。しかし実験して分かったことは、発達に援助が必要な子どもは、ルールは覚えることはできませんが、小さな動きを伴うアクションが大好きでした。そこで、私たちは順序を変え、

子どもたちに先に動きのある書くことを教え、それから読むことを教えたのです。

これが彼らに応用した方法です。私たちは木の板を切り抜いて文字を作り、子どもたちは指でそのアウトラインをなぞるのが大好きでした。発達に援助が必要な子どもたちは、視覚では文字を認識できなくても、手で触るとその文字の音を発音できるのでした。

そこで同じように、健常な子どもたちと実験しました。印刷されたページより、動きを伴うやり方で学ぶ方が簡単かと思いました。そこでこのやり方で書けるようになった3歳半、４歳と、すでに書ける4歳半とで実験をしました。発見したことは、この方法で書くことを学んだ子どもは書くことを楽しみ、そして読むことは自然にでき、問題はまったく起きませんでした。

ですから、私が発達に援助が必要な子どもたちから学んだことは教育の基本であり、どんな子どもたちにでも応用できるものです。これは発達に援助が必要な子どもたちの学校で使われ、ある基準にまで彼らを助けることができたのは、子どもの知性に含まれる「有効成分」への理解でした。

健常な子どもたちが家庭でいつも配慮されて暮らしているとはいえませんが、彼らはどんな環境にも適応できますが、実際、適応するにはたくさんのエネルギーを要し、本来ならそのエネルギーは適切な活動に費やされる方が望ましいのです。
しかし、発達に援助が必要な子どもたちは、厳しくされたり、干渉されたり、手を差しのべるかわりに叱責されることに対して適応することが難しく、そうすると彼らは臆病になり、嘘つきになり、感情を押さえ、我慢するようになります。

すべての子どもたちは、長い時間、自由に放っておかれるべきです。遊んでいると大人は呼びますが―現実には彼らは自分の知性を強化する大切な活動をやっているのですが―特に発達に援助が必要な子どもたちは、何か無我夢中になるものを見つけたら、中断されるべきではありません。たかがコルクをボトルの口に押し込んだり、また引っ張り出したりしている動きも、この子どもはそうすることによって筋肉の調整や、頭の中で正確に行うことを学んでいるのです。対象物に深く集中し、もっと複雑な活動がしたいと思った時には、前にやっていた活動には徐々に興味をもたなくなります。

こうやって子どもは自分の知性を育てています―小さな子どもの脳にとって、退屈なルールを覚えさせるような意味のないことをするより、ずっと効果的なやり方です。発達に援助が必要な子どもたちにとって、ある段階に至るためにはこれが一番確かな方法です。子どもが興味を持つのは、自身を発達させるのに最適な物や活動で、それに目がいくようになっています。

賢い親（＊２）は、子どもの小さな興味が、継続的に子どもを集中させているのをじっと観察します。

（訳注）１　発達に援助が必要な子ども：原文はDeficient child.「欠陥のある子ども」という表現は今日は使われなくなったが、20世紀初めには精神的、心理的に遅れがある子どもたちをそう呼んでいた。

（訳注）２　原文は、"wise mother"「賢い母親」であるが、母親だけでなく父親も共にという意味を含めて「親」とした。

Maria Montessori Speaks to Parents

The Growth of Personality in Children

第9章

子どもの人格形成

第9章　子どもの人格形成

おとぎ話の中で、心の優しい妖精たちが小さなお姫様の洗礼式に訪れます。お姫様の美と富を祈り、母親のお妃は大喜びでした。でも妖精たちは何かを忘れていました。それは現在の賢い親（*1）なら必ず望むもの、それは人格という贈り物です。

概して、私たちはそれをギフト、贈り物としてとらえています。持っているか、持っていないかのどちらかだと思っています。多くの人は、人格とは適切な躾と矯正で身に付く知識や性格とは異なるものだと固く信じています。

しかし、この考え方が完全に間違っているのです。どの子どもも精神や性格、そして個別の人格を育てることができます。その条件は、**もしその子どもが自分のことをそして自分のやり方でする機会を与えられたら、**です。

私は革命の話をしているのです！

長年にわたる子どもたちとの仕事は、私に、多くの親たちが未だに心から信じている古い間違った考え方に対して反乱を起こすことを教えてくれました。

ある男性、または女性が魅力的とか、活発または無口だとか、動きがきびきびとしているとかは、すべて個人の色調のようなもので、確かに人格も反映されますが、人格の根源となる部分はもっと深いところにあります。

もしある人が自分で考えられ、それを実行する意志力があれば、どこにいても際立つ優れた存在となるでしょう。そしてこれらの資質は、みなさんの子どもも身につけることができるかもしれないのです。どうすればこのような資質が身につくのかはたぶん私の学校でどのように子どもと関わっているかをお伝えした方が分かりやすいかも知れません。

もし、２歳、または2歳半の子どもが朝、私たちと一緒に活動するとなると、彼は早速、自分でレッスンを選び、自分で自分を教えることをするでしょう。私たちの考えは、興味ある活動をまず準備すること、そしてそれが子どもの精神の栄養や練習となるのです。強制的に学ばせるのではなく、仕事をさせるのではなく、子どもは自分でそれを決めます。なぜなら、それをやっている彼の中の生命衝動が、精神や身体を成長発達させているのです。

この学校ではすべての物に置き場所があります。いつも同じものが同じ場所に置かれています。なぜなら、私は何度も何度も観察をしたのですが、子どもたちは秩序や整理されていることへの感受性があるのです。皆さんのお子さんも、どこに何がある

かを学び、使い終わったら元に戻すことをするでしょう。こんなに些細なことが、子どもの中で形成しつつある人格に大切な影響を与えるのです。

訂正や強制なしに、子どもは習慣的に整理整頓するようになり、頭の中が秩序立っていきます。そしてその小さな子どもの環境を子ども自身が知り尽くすと、その子どもはクラスの中での自立を獲得するのです。

この基本的な考えは、家庭の子ども部屋に簡単に応用することができます。

そしてクラスには教具があり、これを使って子どもは自己教育するのです。これらはもちろん科学的ですが、しかし同時に子どもにとって興味深い物や活動です。ここで、子どもは日々出会う物：サイズ、形、色、音を分類し、互いにぴったり入るものを見つけたり、同じ色を見つけたりすることを学びます。すべての教材にはそれに見合う動きが含まれていて、これによって子どもが自分で知識を身に付けることができるのです。

子どもは家庭でも興味あるものを見つけるでしょう―蓋が開いて閉じる箱、また、ボトルの穴にコルクを押し入れ、引き出すこと、鍵を回して鍵をかけることなどです。

これが子どもが自分で自分を教える方法です。私たちの学校では教師が子どものそ

ばに立ちます。教師は訂正したり、子どもの仕事を邪魔したりはしません。何か問題が起きれば、教師は援助を求められるまで待ちます。しかし、ほとんどの場合、子どもの方が正しくできるまでねばることが多くなります。この根気強さが、意志の発達になり、これは人格の中でも非常に大切な部分です。

学校ではすべての子どもたちは喜びにあふれ、柔和で気立ての優しい子どもたちです。なぜなら、教師は個々の子どもたちを尊重し、干渉せず、子どもたち同士は互いに同じような尊重、やさしさで対応します。これらは社会性の現われで、これらが子どもたちの人格に魅力を与えます。

大人が子どもに優しく配慮すると、子どもたちも敏感に反応し、彼らも同じように優しくなっていきます。もし、子どもが追求したいことや興味関心を干渉されずにいると、彼自身も他人を邪魔することをしなくなります。できるだけ子どもを邪魔しないようにしましょう。心配しなくても、無知で行儀が悪い大人になるわけではありません。それどころか、彼は観察力にたけ、賢く、自立し、根気強い子どもになります。これらが人格の根元にある資質です。そしてみなさんの子どもが持つギフトとなる気質や、能力がこれに加われば、もうどこに行こうが際立つ優れた人格者となるでしょう。

＊1　原文では“wise mother”賢い母親。

Maria Montessori Speaks to Parents

Your Child Has Work of His Own

第 10 章

子どもは自分の仕事を持っている

第10章　子どもは自分の仕事を持っている

最近になってやっと従来の古い考え方であった、子どもたちは空っぽの器で、大人が情報やマナーで満たしてやらねばならないという概念を、賢明な親がようやく手放し始めたように思います。親たちが学んだのは、子ども自身も自分の発達に重要な貢献をしていて、彼らが大人になるための最も良い方法を準備するには、まず子どものニーズを知らなければならないということです。

しかしまだ、大人と子どもが共に学び合い、教え合う相互扶助について混乱があります。よく、幼い子どもの「自発的な活動」について耳にします。そして、子どもの発達が自然で十分であるためには、子どもがこの活動を最大限に使えるようにしてあげなければなりません。

これは表面上、素晴らしく聞こえるのですが、「自発的な活動」の意味をよく理解しないで理論を明言するのは危険があります。実際のところ、この言葉はまったく異なる2つの活動の説明に用いられています。

例えば、外界からの刺激に非常に敏感な子どもは、常に外界に対して漠然とした動きで反応しています。そしてこのような時に子どもが自発的な動きをしていると表現されるのです。

一方、ある子どもは、環境の中で興味の対象物にかなり長い間焦点を当てることができます。子どもは触って、曲げてみて、回転させ、他の物と比較したりします。大人が他のものを差し出しても、まだ興味がある限りはその作業を止めません。このような子どもも、自発的な動きをしていると説明されるでしょう。

この二つの動きは、全く違うタイプの動きです。外界からの妨害にすぐに反応する子どもは、どんな風が吹いても、それに反応するでしょう。彼の動きは統制が取れておらず、自身の中から起こるニーズではなく、動きは不明瞭で、依存している状態なのです。

一方、二人目の子どもの動きは漠然ではなく、発達している渦中の動きです。大人が大声で呼んで活動を知らせる必要がなく、ただ静かな環境で自分の年齢に合った興味と、内なるニーズが満たされる自由な時間があればいいのです。この子どもは本当に自発的な動きをしています。彼の発達は環境の中にある物と活動をすることで花開くように現れていきます。彼は教師であり学習者でもあり、自身の精神的成長と自立心のために励んでいます。

このような真の自発的な動きは、すべての健全な子どもに見られます。しかし我々は過剰刺激か、または欠乏状態で自発的な動きを台無しにしてしまいます。もし作業を強制したり、子どもを躾ようとしたり、また、成長のペースとはまったく異なる早さで、彼らの発達に関係の無いことを仕向けたり、また、活動に使うシンプルな物を取り上げたとしたら、私たちは子どもを自然な自立者から、不自然な依存者にしてしまいます。真の自発的な活動は、漠然とした動きになり、自然な発達をする子どもは欲求不満の状態になり、自分自身の本当の活動がない子どもになってしまいます。

仕事（*1）を通してのみ子どもは発達します。

大人以外、働く人は他に誰もいないだろうと私たちは思いがちです。稼いでくるのは私たち大人ですし、現在の文明を築き上げたのも私たち大人ですし、家庭や子どものことを世話するために我々が働いている…。幼い子どもたちはいったいどんな仕事をしているのか？たった数回の練習だけかもしれず、母親の小さなお手伝いくらいでしょう…そして残りは－遊びです。そう、あてのない、のんびりとした、とるに足らないような余暇の時間です。

もちろん、私たち大人は働きます。それは否定しません。しかし、私が心から強調したいのは、子どもたちも私たちと同じくらい仕事をしているということです。そして**彼／彼女は自分たちのやり方でそれをしています。**これは記憶に残すべき大切なこ

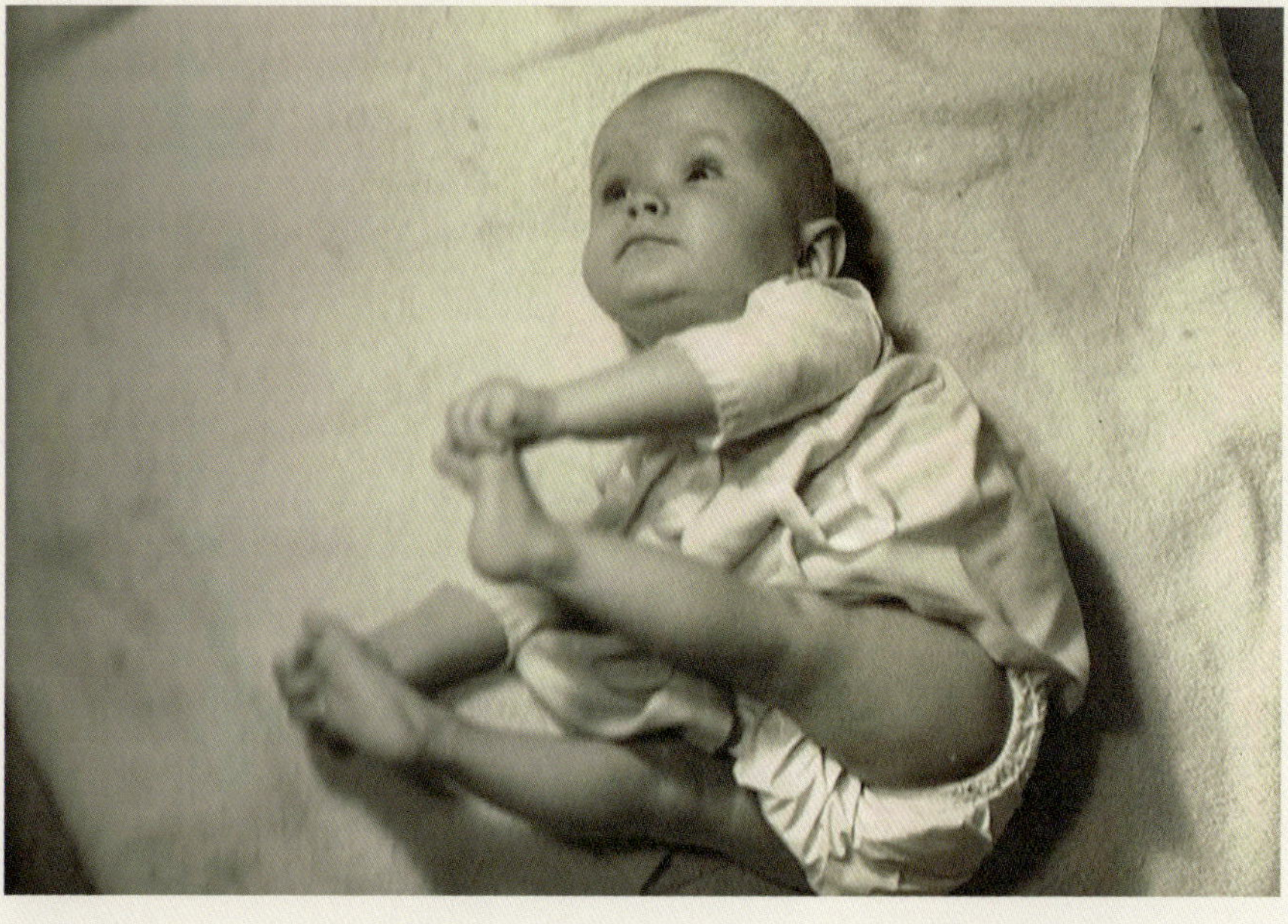

とです。
大人はある意味、プロデューサーで物質社会で仕事をしています。仕事を委任し業務をシェアすることは構いませんし、私たちの合言葉は「労力節約」[＊2]で、多様な機械装置、掃除機から計算機までを駆使し、私たちの仕事を楽にしながらも望ましい結果を達成しようとしています。

さて、少しの間、幼い子どもたちの仕事について考えてみましょう。彼/彼女の仕事は、将来自分が成るべく人間に成ることです。しかし、彼らは結果を意識してやっているのではなく、意識しているのは使っている手段だけです。赤ちゃんは最初に足を蹴った時から、連続的な努力を続け、その結果、頭を持ち上げ、お座り、自分の足の指・母親の指・明るい色の物を握るなど、自分の筋肉や精神を発達させる仕事をしてきました。これを誰も直接手助けはできず、どんな機械装置も彼の筋肉調整のための労働や精神鍛錬を手伝うことはできません。

ここで誤解が生じます。なぜなら、子どもは意識的目的のあるプロデューサーとしては仕事をしないからです。少し大きくなり、彼らが大人のすることをしたくなったとき、それは作業の成果や目的に興味を持っているからではなく、その動きそのもの

に興味があるのです。

身なりのきちんと整った清潔な少年と思われるために、幼い子どもは顔を洗ったり、服を着たりするのではありません。子どもの興味は、服を着たり顔を洗ったりするのに必要な動きをマスターしたいがために、何回も何回もそれを繰り返し行うのです。

これまでに、ぽっと頬を赤くして靴下と靴が履けた満足感でいっぱいの子どもを見たことがありますか？　そしてまた直ぐにそれを脱いで、再び最初から同じ作業を繰り返す子どもです。

私たちの学校では、子どもたちの発達に見合った動きが引き出せるような教材を置くことによって、子どもの自発的な活動を促しています。このやり方によって、子どもたちは何かを「する」ことによって学ぶのです。これが子どもたちの仕事です。そして子どもたちの集中と、根気強さは驚くべきものです。

しかし、幼い子どもたちは、仕事をするためにわざわざ学校に行くことはないのです。彼らにとっては遊ぶ時間は、練習しながら学ぶ時間です。小さな子どもにとって、すべての新しい動きは、最初は試しにやってみて、繰り返すうちに、ぎこちなさが徐々に消えていき、洗練され、正確な動きに至るのです。ですから子どもが使う玩具すべてが、その子どもの仕事のための道具なのです。

もし、この子どもが、自身が達成する結末を何も知らないとどうなるのでしょう？　もし、干渉や余計な手助けがない、静かで穏やかな環境で、彼が自発的な活動をする自由を与えられたなら、彼はきっと最も大切な仕事、つまり、いつの日か自分が成るべき人間を創る仕事に専念することでしょう。

＊1　Work. モンテッソーリは大人が仕事を持つように、子どもも仕事を持ち、それは自己を発達させる「仕事」であると言った。

＊2　Labour-saving：「省力化」とも言い、機械の導入や作業の合理化などで、手間や労働力を省くようにすること。

Maria Montessori Speaks to Parents

Your Child Learns from His Surroundings

第11章

まわりから学ぶ子ども

第11章　まわりから学ぶ子ども

私の知る限り、最も恵まれた子どもは、私が名付け親であるフェリチーノでしょう。歩けるようになる前、ほんの生後10か月の頃、彼はどんな活動でも自由に集中できる自分の部屋を与えられました。その部屋に何が置いてあったかを知ると、皆さんはきっと驚かれると思います。

部屋の中央の床にはカーペットがあり、コーナーにはフェリチーノのベッド―ベビーベッドなど手すりが高く、囲いで彼を閉じ込めておく檻ではなく、低いベッド―そして別の隅には、母親のベッドで床に直接マットレスが置かれていました。

フェリチーノの両親は、皆さんの最初の反応のように貧しい人々(＊1)ではありません。しかし、非常に賢く、子どものニーズをよく把握しています。彼らの赤ちゃんが10か月の時、彼にぴったりの小さな王国を与え、家の中にある置物などで子どもが興味を持ったものは、自分の部屋で使えるようにしました。そして、フェリチーノの母親は息子を干渉することなく、熱心に観察をしました。彼は部屋の真ん中に座り、横には小さな箱があり、たぶんそれは前日台所で見つけたものかもしれませんが、蓋を開け

第11章　まわりから学ぶ子ども

たり閉めたりできる箱です、他にコルクのあるボトル2本―それだけです。そこに彼は座って、箱を開けたり閉めたりし、完全に没頭し、コルクをボトルから引っぱり出したり入れたりし、少し休んで半時間ほど考えごとをしたり、母親は彼が寝ているのだと思いました。しかし違っていました！　準備ができたら彼は静かに仕事を再開しました。そして間もなくベッドによじ登る方法を学習し、毎朝の「仕事」が終わると、疲れを感じてベッドによじ登って寝るのです。

私が何度もフェリチーノの話をするのは、子どものニーズがいかにシンプルかを皆さんに理解して頂きたいからです。これを理解できる親は、子どもがいかに周りから必要なものを選び、自分で自分を教えているかを知っています。このような親は、玩具だらけの子ども部屋と、一挙一動に口を出す乳母を与えることで最高の子育てを提供していると思う親に比べて、なんときめ細やかで配慮ある人生のスタートを子どもに与えているのでしょう。

残念ながら、養成訓練を受けていない乳母と同じように、子どもの本当の姿を知らない善意溢れる親がいます。皆さんのために書いた原稿の中にあるように、成長を駆り立てるものは子どもの中にあり―子どもの知性と人格は私たちが何をしようと独自に発達しますが、我々は成長を助けることも、それを阻害することもできます。
贅沢をつくした子ども部屋で、大量の玩具と、絶え間ない管理による邪魔と煩わしさに囲まれている子どもは、まるで水を与え過ぎた苗木のようで－土壌は酸性化し、植物は病気になってしまいます。

子どもに適切な環境を与えると、効果は子どもの精神だけでなく、まるで良い食事を得たかのように健康面にも現れます。フェリチーノの親がやったように、一部屋全部を子どもに与えることはできなくても、少なくとも多くの時間を費やす部屋が「ダメ！」を連発する部屋にならないよう－つまり、繊細な陶器、壊れやすい物、または玩具で溢れかえっている部屋など、どれも好ましくありません。

家の中の物で、子どもが興味を示すものがあれば、可能な限り持たせ、操作できるようにしてあげましょう。それはもしかすると子どもを数時間、夢中にさせるかもしれません。しばらくして興味を使い果たしたら、二度とそれを触らないかもしれません。

悪戯好きで腕白な子どもにこのやり方を試みてください、水道の水を出しっぱなしにする子どもです。あなたはもう何百回と水は出さないように伝えたことでしょう。それよりも、子どもに蛇口をひねって水を出させ、あなたが今度はもっともっとひねると水がざーっと出ることを見せ、反対にひねると細い水の流れになっていくのを見せてあげて、子どもに代わってあげましょう。

子どもを見ておきたければ、観察してみましょう。でも、あなたが子どもの視野に入らないように注意しましょう。

注意深く蛇口をひねっては水を出し、再び閉じ、を繰り返します。まるで、重要な課題を解決しているかのような姿に驚かれるでしょう。でもある時、この水道の蛇口をマスターしたら、もう今までの悪戯には興味がなくなり、これからは適切な目的のために自分の興味を使うでしょう。

子どもの環境には常に二つの環境があります。

人の環境と物の環境です。そして先ほどの何でもしてしまう乳母は、子どもにとっては不都合な人的環境となります。子どもの本性は単に食べる、着るだけではなく、自分で食べ、自分で着ることなのです。

忙しくてあまり子どもに手をかける時間がない母親を持つ子どもは、服を着ることに興味を持ち始めたら、すぐに自分で着脱するチャンスが到来します。部屋に小さな楽しめるものが置いてあり、小さなお庭で誰も監督していなくても遊べる環境と、どれで遊んでよいか分からないくらい大量な玩具や、広すぎる野外公園で常に大人が子どもについていなければならない環境とでは、前者の方がずっと恵まれています。

干渉についても大切な重要なことがあります。子どもが何かに興味を抱いているときは邪魔されるべきではありません。多くの子どもの活動は大人から見て取るに足らないつまらない活動に見えるかもしれませんが、子どもの集中はつまらないことではありません。大人はそれを何度も中断し、子どもは一生苦しむのです。

ここで発達に援助が必要な子どもの話をしましょう。

健常な子どもは障害物を乗り越えたり、干渉や良くない環境にも適応できますが、それでも多くのエネルギーをそれに費やしてしまいます。一方、発達に援助が必要な子どもの場合、集中や活動を邪魔されると、頭の中が混乱し、明らかな後退が見られることがあります。私は発達に援助が必要な子どもや、障がいがある子どもたちとたくさん仕事をしてきましたが、この部分を強調したいのです―彼らが示すすべての興

味には、最高の敬意を持って接しなければならず、たとえそれが大人から見てつまらない活動に見えても大切にしてあげなければなりません。発達に援助が必要な子どもは、集中するのが難しいことがありますが、彼らの興味、関心の中にこそ発達を促す希望が隠れているからです。

何年も前にローマに最初の学校を作りましたが、そこにいたのは大変貧しい子どもたちだけでした。彼らは栄養不良でしたが、私にはそれを改善する方法はありませんでした。ですが、しばらくすると彼らの身体的状態が改善され、2年目の終わりには、彼らの居住空間は変わらないのに、彼らの健康状態がよくなり、同じ子どもとは思えないほどになりました。そしてこれは科学的にも立証されたことですが、幸福感は子どもの健康状態に影響を与えます。退屈で不幸せを感じる子どもたちは身体的に衰えます。

子どものニーズとはシンプルで、幸せな子ども時代には簡素な周囲の環境が必要です。私たちの学校では、小さなイスとテーブルが用意されています。大人の世界のために作られた扱いにくい物や家具で子どもたちが常に格闘するより、環境の主人公として彼らが自由に動けるような環境にしたのです。多くの家庭では未だこのような家具は困難でしょうが、基本的な考え方は同じです。つまり、子どもたちは自分で自分のことをしたいこと、またそれをやらせてもらえる環境が必要なこと、さもなければ発達は見られず、同じ状態のままでしょう。

子どもたちの脳は、身体と同じように動きを通して発達し、集中する過程で自己規律、忍耐強さ、そして積極的な関心と共に、人格の土台が形成されます。子どもたちに豊かな人生のスタートを切ってもらうためには、まず環境が彼らの活動と発達のニーズを満足にさせているか、また、私たちの役割はインストラクターや干渉者ではなく、子どもたちの援助者であり、友人であることを忘れてはなりません。

＊1　（訳注）この時代、ベッドのマットレスを直接床に置くことは、木枠を買うお金がないからと思われがちだったが、そうではなく、子どもの自由な動きのためにあえて設置された。

マリア・モンテッソーリ
（1870～1952年）

プロフィール

20世紀のはじめ、マリア・モンテッソーリ（1870―1952年）は新しい教育へのアプローチで世界規模のセンセーションを起こしました。それから何年もの間に彼女の考えは既存の学校に採用され、今日でも彼女の教育的アプローチは―もし彼女が真に心に描いた方法で実践するのであれば―革命的だといわれています。モンテッソーリメソッドは需要が高く人気がありますが、その理由は、モンテッソーリが観察した多くの事象が、科学的研究で立証されているからです。しかしそれよりも重要なのは、モンテッソーリ教育を受けた子どもたちが、一般的に見て幸せであるということです―学校では興味がある仕事に取り組みます。彼らは**学ばなければいけない**とは感じず、巧みにデザインされた魅力的な教具と共にそれを知らずに無我夢中になっています。

マリア・モンテッソーリという、教育と人間発達に極めて独創的な考えを系統立てた女性とはどんな人だったのでしょう？

彼女は1870年にイタリアで生まれました。この時代は、女性が就くことのできる仕事は限られていましたが、まして学問の世界に携わることは議論の余地もないほど男性中心の拠点でした…そんな中、彼女は医者になることを決心していました。

多くの反対や抵抗の中、モンテッソーリはローマ大学に入学し、そこでイタリアで女性として初めて1896年に医学部（＊1）を卒業しました。そしてすぐに数々の病院やローマ大学の精神科のクリニックで働き始めました。彼女はそこで精神的また、身体的に障がいを持つ子どもたちを観察する機会を得ました。徐々に彼女が気づいたのは、この子どもたちの多くは、彼らのニーズや能力に合っている環境に置かれると、ある程度まで学習ができるということでした。

この、特別な配慮が必要な子どもたちと仕事が成功し何人かの子どもたちは初等教育の試験に合格したほどです。

この驚くべき結果はモンテッソーリ自身に、障がいを持たない通常の子どもたちの教育にこそ何か根本的に問題があるという見識を抱かせました。なぜ、従来の教育システムがうまく機能しないのかを理解するため、彼女は大学に戻り、そこで心理学、哲学そして教育人間学を学びました。

1904年、モンテッソーリはローマ大学に招かれ、学校システムの抜本的な改革の基礎構築を目的に、教育人間学の講師を引き受けました。彼女は小学校での科学的研究の結果、如何に学校が子どもに対して抑圧的で教育効果がない状態で教育を行っているか、また、子どもたちは一日中、居心地の悪い長椅子にじっと座らされ、教師の不可解な言葉をリピートさせられ、頻繁に罰を与えられ、状況は不衛生であるという論文を発表しました。

1907年、モンテッソーリはサンロレンツォというローマの片隅にある評判の悪い貧しい地域で健常児と共に働き、そして学ぶ機会を得ました。彼女の仕事は、まだ学校に行けない年齢の子どもたち―両親が働いている間、誰も監督しなければ暴れまわる状態―の彼らを何かに専念させることでした。この地域の中にモンテッソーリは最初の学校を開き、ここで彼女が以前から関わっていた精神遅滞児のための教材を紹介し、後にここがCasa dei Bambini「子どもの家」と呼ばれるようになったのです。まだメソッドと呼ばれるものはありませんでしたが、彼女は緻密なプログラムを計画し、従来の教育とは一線を画すほど異なるやり方にも関わらず：朝登園してくる子どもたちをどう迎えるか、短くて明確な教材の使い方のレッスン、日々個々の子どもたちの変化を綴った観察記録などを準備しました。子どもたちは明確な制限の枠内で、動く自由が与えられました。教師たちは専門家の養成訓練を受けてはおらず、子どもが助けを求めてくる以外は子どもたちを干渉せず、賞賛や罰を利用しないようにと言われました。

モンテッソーリは子どもたちの自発的な行動や態度を観察したいと思いました。間もないうちに、環境が貧困で無教養で、ゼロまたはほんの少しの動機付けしかなかった地域の子どもたちが、嬉しそうに仕事を始めたのです。深く集中できる力や自己規律、そして彼らの社会的態度に変化が見え、自信、秩序感、そして他の子どもたちに対しても関わるようになり、健康面が改善されたのです。そして4歳から5歳の子どもたちが、教えられたという感覚が全く無い状態で文字を書いたり読めたりするようになりました。新しく作られた教材が紹介され、子どもたちが興味を示さなかったものは取り除かれました。

モンテッソーリが気づいたのは、子どもたちは彼らの寸法、ニーズに答える環境で、そこに丁寧にデザインされた教具があり、興味のある活動を自己選択ができる場所なら、彼らは自らを教育する能力がある、ということです。ある幼い子どものつぶやき「自分でするのを手伝って！」が、モンテッソーリ教育のモットーとなりました。

ローマの他の場所やミラノにも「子どもの家」がオープンし、モンテッソーリの新しい教育へのアプローチは急激に広まりました。世界の隅々から学校を見学しにやってきました。また、彼女を招き講演会を開き、また教師養成コースを開催したり、教具のことを聞いてきました。つまり彼女はこの時期ひっぱりだこで、モンテッソーリの新しい教育へのアプローチの需要が高まっていったのです。そしてそれは止まるところを知りませんでした。それから10年の間に、彼女の最初の本、「**モンテッソーリ**

メソッド」（今日では「**子どもの発見**」[＊2]）が1909年に出版され、世界20か国の言語に翻訳され、世界中で彼女の教育の考え方に沿って学校が作られました。

この頃から、彼女は旅をし、講演や教師養成コースを開催し、彼女の教育に対するビジョンを広める活動を始めました。最初はアメリカでしたが、イギリスを中心にヨーロッパ各地、そして彼女の人生の後期には、インドにおいてでした。モンテッソーリは医者としての仕事を改め、自分の教育アプローチをもっと広め、深めていくことに専念しました。多くの国々で、「子どもの家」だけではなく、小学校（エレメンタリー）や中学校が始まりました。モンテッソーリ教育は普遍的で世界のどこにいる子どもたちにも、どんな宗教や背景にいる子どもたちにも応用できます。唯一広まらなかったのは独裁政権の国々で、教育が自由や自立を目指すことが容認されない地域です。

モンテッソーリは自分の教育的アプローチは生命への援助[＊3]だと言い：子どもたちや思春期の子どもたちが、成熟した自立した大人になり調和がとれ、環境や世界と平和に関われるになる大人になるよう彼らのさらなる発達を願いました。

この平和と教育の概念は、彼女の講演や文書の中で徐々に比重を置くようになり、その中でモンテッソーリは戦争による子どもたちへの心理的、身体的影響の破壊的影響について警告しました。教育を通してのみ、世界をより暴力の無い、良い場所にできると訴えました。

晩年、彼女は献身的に子どものために尽くした業績を賞賛され、世界中から多くの名誉ある表彰を与えられ、ノーベル平和賞にも3回ノミネートされました。

マリア・モンテッソーリは1952年、オランダでその一生涯を終えました。

彼女の幅広く、複雑で、独創的そして多面的な人生を簡単に紹介するなど到底不可能なことです。もしこの本が皆さんの興味をさらに高めるものになってくれたら、続くページの参考文献でさらに深い学びをして頂けますように・・・。

カロリーナ・モンテッソーリ（＊4）

＊1 訳注：実際には内科（medicine）と外科（surgery）になっている。

＊2 訳注：執筆した場所がイタリアのトスカーナのチッタ・デ・カステーロにあるフランケッティ伯爵の城。同じ場所で100年後の2009年、AMI第1回国境なき教育者の会（Educateur Sans Frontire）が開催された。

＊3 訳注：Aid to Life：幼児期だけでなく人生の最初から最期まで一生涯を助ける教育とも解釈できる。

＊4 訳注：Carolina Montessori：カロリーナはモンテッソーリ博士のひ孫に当たる。オランダ在住でAMI本部にあるモンテッソーリ関連資料や書籍のアーカイブの保全、翻訳を担当している。

あとがき

本書「パパ　ママ　あのね・・・」（原書；Maria Montessori Speaks to Parents）は、これまでの学生や国際会議の聴衆を相手にしたモンテッソーリ博士の講義録とは一線を画し、子育て中の父親や母親に向かって語られている。全11章を通して専門用語はほとんどなく、具体例を用いてわかりやすく子どもの姿が生き生きと描かれている。

また、出版社からの依頼で、カラーの子どもたちの写真は原書とまったく同じものを同じ頁に使い、モンテッソーリが話す子どもの姿、集中や喜びに満ちた表情、などを具体的に示してくれている。本書は図書館、書店のモンテッソーリ教育という棚ではなく、実用書のコーナー、それも子育ての棚に並ぶであろう。とにかく表紙の食器洗いを楽しむ幼い女の子の姿も含め、この本がこれまでのモンテッソーリの本とは違う、何か手に取りやすく親しみやすい一冊になればと願う。

「出版社からのメッセージ」にもあるように、本書はAMI本部の書庫で偶然に見つかったものだ。この発見は、出版社の社長アレキサンダー・ヘニー氏を“Serendipity!”と叫ばせたほど予期せぬ嬉しい出来事であったようだ。特に、発見者の一人で、ヘニー氏の従妹でもあるカロリーナ・モンテッソーリがこれを読み、「この講義録だけで親向けの一冊の本になる」と即断した。それだけ前例のない珍しい内容だったからと察する。

11章を通して、モンテッソーリが毎章で使う文章がある。それは、「もう子どもを放っておいてください」または「子どもにこれ以上干渉、邪魔をしないでください」「子どもを訂正しないでください」である。モンテッソーリは乳幼児期の子どもに代わって、大人に向けて、態度を変えてほしいと訴えている。

モンテッソーリは「子どもの中には賢い教師が住んでいる」ことを信じるように述べ、大人の仕事は他人とワークシェアリングできるが、子どもの仕事はそれができない本人がするしかない仕事で、代わってあげることができないと強調している。また、悪戯は単なるイタズラではなく、また、親を困らせようとしてする行為でもなく、ただ一心不乱に環境を調査、研究、そして探求をしている姿なのだと述べている。

翻訳で一か所だけ変更を加えた箇所がある。それは、97ページにもあるように、原本は"Wise Mother would do this."（賢い母親ならこうするでしょう）という箇所を、母親だけでなく父親と共にという意味を込めて、「親」という言葉に変更した点だけを付け加えておきたい。

冒頭でも述べられているように、この講義録が書かれてからもう90年の年月が経過している。非常に残念なことだが、現在にも十分通じる内容である。つまり、大人の子どもへの誤解がまだ紐解かれていない事実があり、本書の果たす役割が大いにあるということだ。

最後に本書を出版するにあたり、モンテッソーリ博士に関する歴史的な史実を明確にそして迅速に答えてくださったオランダAMI本部の歩く辞書と呼ばれるヨーカ・フェルフールさん（Joke Verheul）、また超多忙中にも関わらず参考文献に関する情報・資料を惜しみなく提供してくださったAMI友の会NIPPON理事の広津香織さん、そして新しいモンテッソーリの本をオランダから持ち帰る度に「是非出しましょう！」と常に前向きにモンテッソーリ教育が日本に正しく拡大、普及するよう、出版協力してくださる風鳴舎の青田恵社長に感謝したい。

2019年7月　一般社団法人AMI友の会NIPPON

翻訳・出版部　深津高子

参考文献

※邦訳が出版されているものについては翻訳タイトルと出版情報を翻訳者が補記しました。

■モンテッソーリ博士による著作

The Child in the Family (2007)

　『幼児と家庭』鷹觜達衛 訳（エンデルレ書店、1971）

The Discovery of the Child (2007)

　『子どもの発見』鼓常良 訳（国土社、1992）、中村勇 訳（日本モンテッソーリ教育綜合研究所、2003）

The Absorbent Mind (2007)

　『創造する子供』武田正実 訳（エンデルレ書店、1973）

　「子どもの精神ー吸収する心ー」（日本モンテッソーリ教育綜合研究所、2004）

From Childhood to Adolescence (2007)

　『児童期から思春期へ』K. ルーメル、江島正子 訳（玉川大学出版部、1997）

以上、すべて英語版の出版会社は Amsterdam, Montessori-Pierson Publishing Company.
http://montessori-pierson.com

■モンテッソーリ教育の調査・研究

Lillard, A. S. *Montessori the Science Behind the Genius, 3rd edn*
(New York : Oxford University Press, 2017)

■伝記
Kramer, Rita, *Maria Montessroi : A Biography* (New York : G. P. Putnam's Sons, 1976)
『マリア・モンテッソーリー子どもへの愛と生涯』
リタ・クレーマー著、平井久監訳（新曜社、1981）
Standing, E. M. *Maria Montessori : Her Life and Work* (London : Hollis & Carter, 1957)
『モンテソーリの発見』E.M. スタンディング著、クラウス・ルーメル監修、佐藤幸江訳（エンデルレ書店、1975）

■ウエブサイト
新米パパやママへの家庭で応用できるモンテッソーリ教育へのアドバイス：
http://aidtolife.org/（英語）

Mario Valle
科学者であるValle氏が一人息子の親としてどのようにモンテッソーリ教育と出会い、そしてマリア・モンテッソーリが提案したすべてについての科学的根拠を探る：
http://mariovalle.name/montessori/why-not.html（英語）

■日本語文献紹介
※日本語の文献については翻訳者が補記しました。

『いのちのひみつ』シルバーナ・Q．モンタナーロ著、マリア・モンテッソーリ教育研究所訳・監修（KTC中央出版、2003）
科学的な研究をもとに、胎内から誕生、そして最初の３年間の人間の発達を紹介した本。
『デチタ　でチた　できた！』スーザン・M・スティーブンソン 著、中村博子 訳、深津高子監修（ウインドファーム、2011）
生後３年間に家庭で応用できるモンテッソーリ教育理念をわかりやすく写真と共に紹介し

ている。
『モンテッソーリの子育て：0～6歳のいまをたのしむ：子どもの自主性が育つ』「月刊クーヨン」編集部 編（クレヨンハウス、2011）

写真やイラストをふんだんに用いて、衣服、玩具の選び方、本場イタリアからの報告、脳についての最新の知見も掲載されている。子育てに生かせる庭でのアイデアも満載。モンテッソーリに特化したクーヨン保存版。

■翻訳・監修

一般社団法人 AMI 友の会 NIPPON

2013年4月、国際モンテッソーリ協会本部（AMI）より正式に関連団体（Affiliate Society）として認証された日本で唯一の団体。当会員になることでオランダの AMI 本部の会員にもなることができる。モンテッソーリ教育の普及と発展を目指し、国内外で実施されているモンテッソーリ関連の情報提供、セミナー等の企画運営、講師派遣、未翻訳のモンテッソーリ資料の翻訳・出版を主な活動としている。会員には年6回の会報（メールニュース）が届き、会員同士の情報交換の場となっている。2019年5月より、モンテッソーリ教育のさらなる普及のため、東京国分寺市のカフェスロー内にサテライト・オフィスを開設。書籍販売やイベントの広報活動を行っている。

AMI 友の会 NIPPOPON　https : //www.amitomo.org/
●本部事務所　〒252－0301　神奈川県相模原市南区鵜野森2－20－2の３F
電話・FAX 042－705－6160　Email amitomo@arion.ocn.ne.jp
●サテライト・オフィス　〒185-0022　東京都国分寺市東元町2－20－10
カフェスロー内　Email amitomo@arion.ocn.ne.jp

国際モンテッソーリ協会（AMI）公認シリーズ

Montessori Education

＜既刊＞

第1巻

『人間の傾向性とモンテッソーリ教育』［新版］

普遍的な人間の特質とは何か？

ISBN978-4-907537-01-2

（一三六ページ／1C／A5判／AMI友の会NIPPON訳・監修／二、〇〇〇円＋税）

第2巻

『1946年　ロンドン講義録』

戦後初のモンテッソーリによる講義33

ISBN978-4-907537-02-9

（三三六ページ／1C／A5判／中村勇訳／AMI友の会NIPPON監修／二、九七〇円＋税）

第3巻
『子どもから始まる新しい教育』
モンテッソーリ・メソッド確立の原点
ISBN978-4-907537-08-1
（一四四ページ／1C／A5判／AMI友の会NIPPON訳・監修／二、〇〇〇円＋税）

第4巻
『忘れられた市民 子ども』
モンテッソーリが訴える永遠の問題
ISBN978-4-907537-09-8
（一二八ページ／1C／A5判／AMI友の会NIPPON訳・監修／二、〇〇〇円＋税）

＜近刊＞

第5巻
『1949年 サンレモ講義録』（タイトル仮）
ISBN978-4-907537-10-4

マリア・モンテッソーリ
Maria Montessori
(1870−1952年)

イタリア最初の女性の医師。精神医学、哲学、人類学、心理学など幅広い知識と経験を兼ね備え、鋭敏な観察眼を通して、子どもたちを観るうちに人間にはある共通した「発達の法則」があることを発見した。1907年、ローマのスラム街サンロレンツォ地区に貧しい子どもたちのための「子どもの家」を開設し、そこでの試行錯誤の結果、このメソッドは瞬く間に世界各地に広まり、100年たった現在も世界中で高い評価を得ている。戦後は平和教育に注目したことからノーベル平和賞に３度ノミネートされる。1952年にオランダにて逝去。―― 幼い子どもは「私たちの未来の希望である」とはモンテッソーリの深く永続する信念である。

翻訳・監修　　　　　：一般社団法人 AMI 友の会 NIPPON
カバー・紙面デザイン：萩原 弦一郎
DTP　　　　　　　　：okumura printing

パパ、ママ、あのね・・子育てのヒントは子どもが教えてくれる
Maria Montessori Speaks to Parents

2019年８月17日　初版第１刷発行
2019年８月26日　初版第２刷発行

著　者　マリア・モンテッソーリ
訳・監修　一般社団法人 AMI 友の会 NIPPON
発行所　株式会社風鳴舎
〒171-0021 東京都豊島区西池袋1丁目11-1 メトロポリタンプラザビル14階
(電話03-5963-5266　FAX03-5963-5267)
印刷・製本　奥村印刷株式会社

ISBN978-4-907537-22-7　C0037
Printed in Japan